Universo siciliano

Proverbi, modi di dire, indovinelli, filastrocche, gabbi, scioglilingua e racconti

SALVATORE FAVA

UNIVERSO SICILIANO

Dedicato ai miei nonni e ai miei genitori,
Francesco Fava e Domenica Motta

INDICE

PREMESSA

La Sicilia, il cui antico nome presso i greci era **Trinacria** (τρεῖς «tre» + ἄκρα «promontorio»), è l'isola piú grande del Mediterraneo. Ha una posizione centrale, strategica, all'interno del "Mare nostrum", come lo chiamavano i latini. Attorno ad essa si affacciano l'Europa, l'Africa e l'Asia.

Crocevia di diverse civiltà, nel corso dei millenni, è stata dominata da molte popolazioni. A quelle piú antiche, i Sicani, poi i Siculi, e, nell'estrema parte occidentale dell'isola, gli Elimi ("provenienti forse dall'odierna Turchia e da Virgilio identificati nell'*Eneide* con i compagni di Enea che non lo vollero seguire nel Lazio"[1]) si sovrapposero, fino all'unità d'Italia (1861):
i Fenici, X – IX sec. a. C.; i Greci, VIII – III sec. a. C.; i Romani, III sec. a.C. - V sec. d.C.; i Bizantini, 535-827; gli Arabi, 827-1061; i Normanni, 1061-1194; gli Svevi, 1194-1266; gli Angioini, 1266-1282; gli Aragonesi, 1282-1410; gli Spagnoli, 1410-1713; i Sabaudi, 1713-20; gli Austriaci, 1720-34; i Borboni, 1734-1860.

Tutte queste popolazioni lasciarono le loro tracce sia sotto l'aspetto culturale, architettonico, artistico che linguistico. Il siciliano, dialetto neolatino, è ricco, infatti, di termini che provengono dal greco, dall'arabo, dal normanno o antico francese (oitanico) e dal provenzale (occitanico)[2], dal tedesco antico

---

[1] S. Correnti, *Breve storia della Sicilia*, Newton Compton Editori, Roma 2002, p. 13.

[2] Al periodo normanno risale la formazione in Sicilia di isole linguistiche

(risalente al periodo svevo), dal catalano, dal castigliano o spagnolo, ma anche, più recenti, francesismi e anglicismi.

Bisogna, inoltre, precisare che esistono diverse parlate siciliane. Giorgio Piccitto[3] le classifica così: Siciliano occidentale (Palermitano, Trapanese, Agrigentino centro-occidentale), Siciliano centro-orientale (parlate delle Madonie, Nisseno-Ennese, Agrigentino orientale, Catanese-Siracusano, Messinese).

In questo 'universo siciliano', troverete proverbi, modi di dire, indovinelli, filastrocche, gabbi, scioglilingua e racconti, appresi prevalentemente da mia nonna materna (Concetta Gargante, n. 1912) o ascoltati direttamente da varie 'voci di popolo' (venditori ambulanti, commercianti, pescatori, contadini, ecc.). Tutti tradotti in italiano (in alcuni casi mi sono servito delle traduzioni letterarie fatte dallo scrittore catanese Giovanni Verga nel suo straordinario romanzo *I Malavoglia*), sono suddivisi in vari nuclei tematici. Ho incluso anche un 'Piccolo vocabolario siciliano-italiano', con qualche riferimento al siciliano letterario e poetico, che ebbe ampia fortuna in tutta Italia, grazie ai poeti della Corte di Federico II e all'uso dell'ottava siciliana.

Questo libro costituisce complessivamente un pretesto per un viaggio storico, linguistico e culturale nell'universo

---

alloglotte gallo-italiche. Gli Altavilla furono fautori di un processo di latinizzazione della Sicilia e, per questo, incoraggiarono una politica di migrazione delle loro gentes, normanni e provenzali, e del Nord Italia, in cambio di terre e privilegi. Il loro obiettivo era quello di rafforzare il ceppo franco-latino a scapito dei più numerosi greci e arabi.

[3] C. Tagliavini, *Le origini delle lingue neolatine*, Patron Editore, Bologna 1982, p. 410.

siciliano, un ampio puzzle di un mondo apparentemente remoto, per lo più rurale e popolare, ma ancora vivo nel dialetto e nella memoria collettiva dei siciliani.

1 Gli animali: l'asino, il lupo, la gallina …...

SCECCU

La parola **"sceccu"** (asino) deriva dal turco eşek. Leggendaria l'origine che risalirebbe ai tempi dei conquistatori arabi: gli *sceicchi*, gabbati dai siciliani e costretti a cavalcare gli *scecchi*.

L'elevata ricorrenza di questo termine nei detti popolari siciliani è significativa e riflette l'importanza e il profondo rispetto per questo animale. Termine usato, talvolta in maniera dispregiativa, come sinonimo di ignorante e incolto, altre volte con accezione positiva, col significato di lavoratore paziente e instancabile o di persona dotata (per esempio, nelle poesie di Domenico Tempio).

Cani (cane)

Abbaia ccu 'i cani e rucculia ccu 'i lupi.
"Abbaia con i cani e ulula coi lupi" ossia adattati alle situazioni.

Cchiú vili dô cani badduzza.
"Più vile del cane pallina" o scanzafatiche.

Chistu è 'n cani ca nun canusci patruni.
"Questo è un cane che non riconosce alcun padrone".

Cu' sarba pri allindumani, sarba pr'i cani.
"Chi conserva per l'indomani, conserva per i cani".

Mancu 'i cani 'u volunu.
"Non lo vogliono nemmeno i cani" (G. Verga, *I malavoglia*, cap. XIII).

Quannu vidi cchiù cani supra 'n ossu, la megghiu cosa è faritilla arrassu.
"Quando vedi più cani sopra un osso, meglio farsela alla larga".

Suddu ogni cani c'abbaja cci tiri 'na petra, nun t'arrestanu vrazza.
"Se lanci una pietra a ogni cane che abbaia, non ti resta forza nelle braccia" ossia non bisogna allarmarsi ad ogni minima circostanza.

Cavaddu (cavallo)

A cavaddu magru muschi.
"A cavallo magro, mosche" (G. Verga, *I Malavoglia*, cap. XV).

Baj vonn'essiri li cavaddi, li scecchi surci e li muli mureddi.
"Pelame color baio il cavallo, del topo l'asino e color moro il mulo"

Campa cavaddu ca l'erva crisci.
"Campa cavallo che l'erba crescerà", per indicare un'attesa invana.

Cavaddu mmiriàtu cci luci 'u pilu.
"Al cavallo invidiato brilla il mantello".

Megghiu lu tintu di bona razza, ca lu megghiu di tinta razza.
"Meglio il peggiore di buona razza, piuttosto che il migliore di cattiva razza".

Tanti muschi siddianu 'n cavaddu.
"Tante mosche innervosiscono un cavallo".

Cunigghiu (coniglio)

A bon cunigghiu nun ci manca tana.
"Non manca la tana a un buon coniglio".

Cci rissi 'a jatta ô cunigghiu, runimi tempu ca ti pigghiu.
"La gatta disse al coniglio: dammi tempo che ti piglio".

Omu chi assicuta du' cunigghia, unu cci scappa e l'autru nô pigghia.
"Uomo che insegue due conigli, uno gli sfugge e l'altro non lo prende" ossia "chi tutto vuole, nulla stringe".

Jaddina, jaddu e palumma (gallina, gallo e colomba)

'A jaddina ca camina, s'arritira ccu 'a vozza china.
"La gallina che cammina, torna a casa colla pancia piena" (G. Verga, *I Malavoglia*, cap. XII).

'A jaddina fa l'ovu e ô jaddu cci abbampa 'u culu.
"La gallina fa l'uovo e al gallo brucia il sedere (si lamenta)".

Ccu jaddu e senza jaddu, Diu fa jornu.
"Con o senza gallo, Dio fa giorno"

Dissi lu puddicinu 'ntra la nassa: unni maggiuri cc'è minuri cessa (in N. Martoglio, *'U paliu*, atto I, sc. V-VI).
"Disse il pulcino nella cesta: Ubi maior minor cessat".

Lu palummu satru cci sa amara 'a vizza.
"Al piccione sazio è amara la veccia leguminosa".

Quannu canta lu jaddu fora l'ura, a canciari lu tempu n' addimura.
"Quando il gallo canta fuori orario, il tempo non indugia a cambiare".

Jattu e surci (gatto e topo)

'A jatta prisciulusa fici i jattareddi orbi.
"La gatta frettolosa fece i gattini ciechi".

A la jatta piaci la saimi, e a la vurpi lu puddaru (o gaddinaru).
"Alla gatta piace il lardo e alla volpe il pollaio".

Cci rissi lu vermu a la petra: Runimi tempu ca ti perciu! / Cci rissi lu surci a la nuci: Runimi tempu ca ti perciu! Rispunniu la nuci a lu surci: cchiú tempu passa e cchiú dura mi fazzu!
"Disse il verme alla pietra: Dammi tempo che ti buco! / Disse il topo alla noce: Dammi tempo che ti buco! Rispose la noce al topo: piú tempo passa e piú dura divento".

Cu' è figghiu di jatta, surci pigghia
"Chi è figlio di gatta, prende i topi".

Fai beni a jatta ca ti 'ratta
"Fai del bene alla gatta che ti graffia".

Paternostru di Beatu e ugna di jattu.
"Padrenostro di Beato e unghia di gatto" (due cose forti, potenti).

Quannu è scuru, tutti i jatti parunu niuri.
"Quando è buio, tutti i gatti sembrano neri".

Quannu manca 'u jattu, i surci abballunu.
"Quando il gatto manca, i topi ballano".

'U jattu du furgiaru nun si scanta de' spisiddi.
"Il gatto del fabbro non ha paura delle scintille".

Lupu e **pecura** (lupo e pecora)

Amaru 'a pecura c'ha a dari 'a lana.
"Sventurata la pecora che deve dare la lana".

'A pecura pri diri bé, pessi 'u muzzicuni.
"La pecora per far bé, perde il boccone"

Cu' havi pecura, havi lana.
"Chi possiede le pecore, ha la lana".

Ô lupu vecchiu, nun si 'nzigna 'a tana.
"Al lupo vecchio, non s'insegna la tana".

Quannu nasci lu re di l'erva, nun si nni cura la pecura orva.
"Quando nasce il re dell'erba (Romulea bulbocodium), la pecora cieca non se ne cura".

'U craparu pri 'u lignu, 'u picuraru pri 'a petra.
"Il capraio è abile col bastone[4], il pecoraio nel lancio di sassi".

'U lupu di mala cuscienza, comu opira accussí pensa.
"Il lupo con la coscienza sporca agisce come pensa".

'U lupu nun si cura, si la carni è cotta o crura.
"Il lupo con la coscienza cattiva, come agisce pensa".

Porcu (maiale)

Arvulu e porcu, taliali di mortu oppure **Arvulu e porcu 'n terra pari.**
"Albero e porco, guardali (stimane il valore) quando sono per terra (tagliato e morto).

Cchiú sicuru ca 'u puorcu acchiana antinna.
"Piú facile che il maiale salga sull'albero".

Cu' havi un porcu ammazzatu su mangia, cu' havi un triulu 'n casa su chianci
"Chi ha un porco ammazzato se lo mangia, chi ha un lamento in casa se lo piange".

Dô porcu nun si jetta nenti.
"Del maiale non si butta niente".

Ngà chí, ngà comu e 'u porcu s'u purtanu.
"Come e perché e si sono rubati il porco".

Tri pila havi 'u porcu, tri pila havi 'u porcu, 'u porcu havi tri pila.
"Tre peli ha il maiale, tre peli ha il maiale, il maiale ha tre peli" ossia ripetere sempre la stessa cosa.

---

[4] P. Virgillito, *C'erano una volta a Paternò … i Bastonieri*, Stampa Tipolito Ibra, Paternò, 2005, p. 9: "Il bastone siciliano nacque e si sviluppò in un ambito che trova il suo epicentro alle pendici del vulcano Etna …. usato dai pastori per difendersi dai briganti e dagli animali selvatici".

Sceccu e mulu (asino e mulo)

Accatta scecchi e vinni scecchi.
"Compra asini e vendi asini".

A lavari la testa a lu sceccu si perdi acqua, sapuni e tempu.
"A lavare la testa all'asino perdi acqua, sapone e tempo".

All'anta, sceccu cu' s'avanta.
"Dopo i quaranta, asino chi si vanta".

A lu viddanu nun cci toccunu 'nguanti, ma 'a zappa 'n coddu e 'u sceccu davanti.
"Al contadino non spettano i guanti, ma la zappa sul collo e l'asino davanti".

Ammuttari 'u sceccu pri 'a cura.
"Spingere l'asino dalla coda".

Appizzau 'u sceccu ccu tutti 'i carrubba
"Ha perso l'asino con tutte le carrube".

A quannu a quannu lu sceccu ju a ligna, 'nta la muntata ci sciugghìu la cingna.
"Quando l'asino decise di andare a caricare la legna, durante la salita gli si allentò la cinghia".

Arrobunu 'i muli e vanu circannu 'i capistri.
"Quando hanno per la mula vanno cercando la cavezza" (G. Verga, *I Malavoglia*, cap. III).

Attacca lu sceccu dunni voli lu patruni; vegna lu lupu e si lu pozza manciari.
"Lega l'asino dove vuole il padrone; venga il lupo e possa mangiarselo".

Aviri cchiù vizi di la mula.
"Avere qualsiasi tipo di vizio".

Cci rissi 'u sceccu ô liuni tu sì re senza vastuni, sì feroci e prepotenti ma di sutta nun hai nenti.
"Disse l'asino al leone: Tu sei re senza bastone. Sei feroce e prepotente ma di sotto non hai niente".

Cci rissi 'u sceccu ô mulu: Nasciemmu pri dari u culu.
"Disse l'asino al mulo: Siamo nati per faticare".

Cui di sceccu nni fa mulu, 'u primu cauciu è dô so.
"Chi dell'asino ne fa un mulo, il primo calcio è per lui".

Cummari e cumpari, ma 'u sceccu da vigna l'aviti a luvari.
"Comare e compare, ma l'asino dalla vigna lo dovete togliere".

Cu' puta 'nta marzu, o è sceccu o è pazzu.
"Chi pota a marzo, o è un asino o è un pazzo".

Cu' scecchi caccia e omini cridi, faccia di paradisu nunni vidi.
"Chi caccia asini e crede agli uomini, non vedrà il paradiso".

Dari a boffa ô sceccu.
"Dare una pacca all'asino" ossia fare qualcosa di inutile.

Lu sceccu s'arrusica lu sarmentu, pirchì si ricorda quann'era taruni (o tadduni).
"L'asino rosicchia il sarmento, perché si ricorda quand'era cardone"

Lu sceccu sempri torna a lu patruni.
"L'asino torna sempre dal padrone".

Maritati e muli làssali suli.
"Maritati e muli vogliono star soli" (G. Verga, *I Malavoglia*, c. IX).

Megghiu sceccu ca porcu.
"Meglio asino, che porco".

Megghiu testa di sceccu chi cuda di liuni.
"Meglio testa di asino, che coda di leone".

Nô misi di maju arragghiunu 'i scecchi.
"Nel mese di maggio ragliano i somari".

Nun punciri 'u sceccu nn' acchianata.
"Non pungere l'asino in salita".

Quannu 'u sceccu nun voli viviri, è nutule friscarici.
"Quando l'asino non vuol bere è inutile fischiargli", costringerlo;
"… ai miei tempi … non si faceva bere l'asino per forza" (G. Verga, *I Malavoglia*, c. II).

Quannu vidi ca lu passu è malu, pìgghialu ppi la retina lu mulu.
"Quando ti accorgi che sbaglia strada, prendi il mulo per le redini".

Scecchi e picciriddi Diu li aiuta.
"Stupidi e bambini, Dio li aiuta".

Sceccu cùrciu sempri pari pudditru.
"Asino corto sembra sempre piccolo".

Sceccu orbu e strata pitrusa.
"Asino cieco e strada piena di pietre", di male in peggio.

Sceccu zoppu si godi la vita.
"Asino zoppo si gode la vita".

'U ranciu di pantanu cci dici ô sceccu: jammi stotti.
"Il granchio del pantano dice all'asino: gambe storte".

'U sceccu di calata nun s'ammutta.
"L'asino in discesa non si spinge".

'U sceccu d'unni casca, si susi.
"L'asino dal lato in cui cade, si rialza".

'U sceccu nô linzolu.
"L'asino tra le lenzuola".

'U sceccu nun futti pirchí è beddu, 'u sceccu futti pirchí 'nsisti.
"L'asino non si accoppia perché è bello, ma perché insiste".

'U sceccu porta la pagghia e 'u sceccu si la mancia.
"L'asino porta la paglia e l'asino la mangia".

'U sceccu si cucca sempri ni 'na banna.
"L'asino si corica sempre sullo stesso lato".

'U voi cci dici ô sceccu: curnutu!
"Il bue dice all'asino: cornuto!"

'U sceccu tannu arràgghia, quannu viri oriu o pagghia.
"L'asino raglia quando vede biada o paglia".

Vali cchiú un sceccu 'ntirrugannu, ca un ancilu rispunnennu.
"Meglio interrogare un asino, che attendere risposta da un angelo".

Signa (la scimmia)

Cu' voli 'u piaciri s'accatta 'a signa.
"Chi vuole divertirsi, si compri una scimmia".

Macari a la signa cci piaci lu duci.
"Anche alla scimmia piacciono le cose dolci".

La tartaruga

'A pisciacozza ca jeva e vineva, nun si vaddava 'u jimmu c'aveva.
"La tartaruga che andava e veniva, non si guardava la sua gobba".

'A scuzzaria 'mmenzu 'a via, 'u so jimmu nun s'u talia.
"La tartaruga in mezzo alla strada, non si guarda la sua gobba".

'U immirutu jieva e vineva, ma 'u immu so nun s'u vireva.
"Il gobbo andava e veniva, ma non si guardava la sua gobba".

Vulpi o **vurpi** (Volpe)

Cunsigghiu di vurpi, dammaggiu di jaddini.
"Consiglio di volpe, danno alle galline".

Dissi la vulpi un jornu a li vulpotti: a li 'nguantara nni videmu tutti.
"Disse un giorno la volpe ai volpetti: dai guantai (in pellicceria) ci rivedremo tutti".

La vurpi ca nun arriva a la racina dici ca è rancida.
"Quando la volpe non arriva all'uva dice che è acerba" (Esopo).

2 Il focolare domestico: casa, acqua, cucina, lavoro ....

QUARTARA e BUMMULU

La **quartara** è un recipiente in terracotta, di circa 17 litri e con due grossi manici nella parte superiore. Usato anticamente in Sicilia per trasportare e conservare acqua o vino.

Esiste una versione piú piccola: **'u bummulu.** Utilizzato, per l'acqua da bere oppure come accompagnamento musicale, in occasioni di feste popolari; soffiandovi all'interno, emette un suono cupo.

Acqua e focu (acqua e fuoco)

Acqua, cunsigghi e sali, senza spiàti nunn'ha' a dari.
"Acqua, consigli e sali, se non richiesti, non ne devi dare".

Acqua e focu, dacci locu.
"Acqua e fuoco, dagli luogo".

Acqua e motti aspèttila ca veni.
"Pioggia e morte, aspetta che vengano".

Acqua e populu nun si ponu tèniri.
"Pioggia e popolo non si possono contenere".

Acqua e sali pri 'i maàri.
"Acqua e sale per i maghi".

'A stizzana rumpi lu madduni.
"A goccia a goccia siscava laroccia".

'A vecchia nun voli jocu, voli pani, vinu e focu.
"La vecchia non vuole giocare, ma pane, vino e fuoco".

Funtana ca duna acqua a dui vadduna, nun pò fari dui cori cuntenti.
"Sorgente che alimenta due fiumi, non può fare due cuori contenti".

Iddu fa 'i manichi e iddu fa 'a quattara.
"Lui fà i manici e lui fà la quartara" (si dice di chi fa tutto da solo).

L'acqua si fussi bona, nun si ittassi vadduna vadduna.
"Se l'acqua fosse buona, non la si getterebbe nei fiumi".

Nun diri mai, iu di 'st'acqua nunni vivu.
"Non dire mai, io quest'acqua non la bevo".

Senza ferri nun si pò fari quasetta e senza focu nun si friunu l'ova.
"Senza i ferri non si può fare la calza e senza fuoco non si friggono le uova".

Sparagna l'acqua e si vivi lu vinu.
"Risparmia l'acqua e si beve il vino".

Tantu va 'a quartara all'acqua, ca o si rumpi o si ciacca.
"Tante volte va la quartara a prendere l'acqua, che o si rompe o si deforma".

Casa, lamenti, insegnamenti e motti

'A casa capi quantu voli 'u patruni.
"In casa c'è spazio quanto vuole il padrone".

'A casa ti strinci e ti vasa.
"La casa ti abbraccia e ti bacia" (G. Verga, *I Malavoglia*, cap. X).

Addiccari e disdiccari è capu di questioni.
"Abituare e disabituare è principio di litigi".

'A vecchia avia cent'anni e ancora 'mparava.
"La vecchia aveva cent'anni e imparava ancora".

Casa di susu, casteddi; casa di jusu, gunneddi.
"Casa ai piani sopra, castelli; al pianterreno, gonnella".

Casa senza suli cci attrovi 'u dutturi.
"In una casa non esposta al sole, trovi il dottore", ci si ammala.

Chiovi e malu tiempu fa, cu' è 'n casa d'antru, malu sta.
"Piove e fa brutto tempo, in casa di altri si sta male".

Cu' duna prima duna 'ntimenza, cu' duna dopu ccu tutti li senza.
"Chi colpisce per primo colpisce con esitazione, chi colpisce dopo lo fa con tutta la forza".

Cui para ca dorma e ripusa, porta 'a cruci cchiú ravusa.
"Chi sembra che dorma e riposi, porta una croce piú gravosa".

Cu' lassa 'a vecchia pri 'a nova, tintu s'attrova.
"Chi lascia la strada vecchia per quella nuova, si trova male".

E cu' parra, Bartulu?
"E chi parla, Bartolo?" (quando si parla e non si viene ascoltati).

Fatti 'a nomina e va curchiti.
"Fatti la fama e coricati", la prima impressione resta per sempre.

I babbi fanu 'i fatti e 'i sperti s'alliccunu 'i piatti.
"Gli stupidi fanno i fatti e i furbi si limitano alle parole".

Iri 'n chiesa è cosa morta, quannu 'n casa non si porta.
"Andare in chiesa è inutile, quando non si porta (il pane) a casa".

Li mutti siciliani sunnu tanti pezzi di Vancèlii.
"I motti siciliani sono come pezzi di Vangeli".

Lu muttu di l'anticu mai mintiu.
"Il motto degli antichi mai mentí" (G. Verga, *I Malavoglia*, cap. I).

Ogni resta, c'è 'a so festa.
"Dove ci sono i cocci ci sono feste" (G. Verga, *I Malavoglia*, c. IX).

Tanti acchetti, tanti buttuna.
"Tante asole e altrettanti bottoni".

Triulu 'i casa e spassu 'i vanedda oppure **Triulu intra e cuntintizza fora** oppure **Spassu 'i fora e trìulu 'i casa.**
"In casa piagnone, fuori allegrone".

Triulu 'nsigna a chianciri.
"Sofferenza insegna a piangere".

Unni cc'è 'u lettu, cc'è 'u rizettu
"Dove c'è il proprio letto, c'è riposo".

Unni cci chiovi, cci sciddica.
"Dove gli piove, gli scivola", una persona menefreghista che si fa scivolare con indifferenza le cose di dosso.

'U rispettu è misuratu, cu' lu porta l'havi purtatu.
"Il rispetto è proporzionato, se rispetti sei rispettato".

Cucina, tavola, utensili

Ammucciari 'u suli cc' 'u crivu (in N. Martoglio, *L'aria del continente*, atto I, sc. VIII) o **cc' 'a riti.**
"Nascondere il sole col crivello" (o con la rete, in G. Verga, *I Malavoglia*, cap. V), ossia cercare di nascondere l'evidenza.

'A paredda si pigghia dô manicu.
"La padella si prende per il manico".

A tavula misa e pani minuzzattu, è filici cui è assittatu.
"A tavola pronta e pane a fette, felice chi è seduto".

Carni fa carni, pani fa panza e vinu fa danza.
"Carne fa carne, pane fa pancia, vino fa danza".

Cosa licca sapi di picca.
"Cosa ghiotta sa di poco".

Cosi amari tenili cari, cosi duci tenili chiusi.
"Le cose amare tienile care, le cose dolci tienile chiuse".

Cu' havi cchiú sali conza 'a minestra.
"Chi ha piú sale, condisce la minestra".

Cu' havi mancia, cu' nun havi mora.
"Chi ha mangi, chi non ha muoia".

Cui 'a voli cotta e cui 'a voli cruda e cui 'a voli di menza cucitura.
"Chi la vuole cotta e chi la vuole cruda e chi la vuole di metà cottura".

Cu' mancia fa muddichi.
"Chi mangia fa briciole".

Cu' spatti, havi 'a megghiu patti
"Chi divide, conserva per sè la parte migliore".

Cu' voli va e cu' nun voli manna.
"Chi vuole va e chi non vuole demanda".

È comu l'ovu: cchiú coci e cchiú duru addiventa.
"È come l'uovo, piú cuoce e piú duro diventa".

'I vai d'a pignata, 'i sapi 'a cucchiara ca 'rimina.
"I guai della pentola, li sa il cucchiaio che mescola".

La cosa 'mpruvvisata è sempri cchiù gradita.
"La sorpresa è più gradita di ciò che è pianificato".

Metti 'u pani ô denti ca 'a fami si senti.
"Metti il pane sotto i denti e sentirai la fame".

Ovu d'un ura, pani d'un jornu, vinu d'un annu, mai ficiru dannu.
"Uovo di un'ora, pane di un giorno, vinu di un anno, mai fecero male"

Pani duru e cuteddu ca non tagghia.
"Pane duro e coltello che non taglia", lo si dice di abbinate imperfette.

Pani schittu cala rittu.
"Il pane semplice cala dritto".

Quannu 'a tavula è stisa, cu' non mancia perdi 'a spisa.
"Quando la tavola è pronta, chi non mangia si perde la spesa".

Quannu manci chiuri 'a porta e quannu parri votati arreri.
"Quando mangi chiudi la porta e quando parli guardati dietro".
Risu pri un'ura ti isu.
"Il riso ti dà sollievo per un'ora".

Si mancia pri campari, nun si campa pri manciari.
"Si mangia per vivere, non si vive per mangiare", per lavorare.

'U saziu pò cririri mai 'u digiunu?
"Il sazio non cede al digiuno".

'U supecchiu è comu 'u mancanti
"Il troppo stroppia".

Misteri e travagghiu (mestieri e lavoro)

Accatta caru e vinni mircatu.
"Compra a caro prezzo e vendi a buon mercato".

Accatta di quattru e vinni di ottu.
"Compra a quattro e vendi a otto".

Ccu l'occhiu nun si vinci.
"Guardando soltanto non si ottiene niente".

Cosa 'ncimata, menza cusuta.
"Cosa imbastita, mezza cucita".

Cu' conza, sconza oppure **Cu' arma, stramma.**
Chi mette su una bottega, toglie clienti ad altre botteghe.

Cu' è lestu nô mangiari è lestu nô travagghiari.
"Chi è veloce nel mangiare, è veloce nel lavorare".

Cu' fa, fa pir iddu.
"Chi fa, fa per sé stesso".

Cu' nesci arrinesci.
"Chi esce riesce" ossia "la fortuna aiuta chi osa" ("Audentes fortuna iuvat", Virgilio, Eneide, X, 284).

Cui nun accatta e nun vinni, nun acchiana e nun scinni.
"Chi non compra e non vende, non sale e non scende" ossia non può arricchirsi.

Fà 'u misteri ca sai fari, ca suddu nun arricchisci cci pò campari.
"Fai il mestiere che sai, che se non arricchisci camperai" (G. Verga, *I Malavoglia*, cap. I).

Lassa di manciari, non lassari di travagghiari.
"Smetti di mangiare, ma non smettere di lavorare".

Mircanti e porcu, vìdilu quannu è mortu.
"Mercante e porco, giudicali dopo morti".

Sarba 'a pezza, pri quannu veni 'u purtusu.
"Conserva la pezza per quando avrai il buco".

'U lannaru chiddu chi havi vinni.
"Il venditore di stoffe vende ciò che ha".

3 La famiglia: genitori e figli, marito e moglie, ...

Nel romanzo *I Malavoglia* di Giovanni Verga, al centro delle vicende narrate vi è la famiglia Toscano, i Malavoglia di padron 'Ntoni, il quale paragona la famiglia alle dita della mano: "Per menare il remo bisogna che le cinque dita s'aiutino l'un l'altra"; "Gli uomini son fatti come le dita della mano: il dito grosso deve far da dito grosso, e il dito piccolo deve far da dito piccolo". Per il nonno, padron 'Ntoni, all'interno del nucleo familiare, ognuno ha un ruolo diverso ma tutti i membri della famiglia sono ugualmente importanti, indispensabili, e contribuiscono al bene comune della famiglia.

Frati, soru, figghi e niputi (fratelli, sorelle, figli e nipoti)

Addivati figghi! Addivava 'n poccu, all'annu 'u 'mmazzava.
"Sarebbe stato meglio allevare un porco, piuttosto che un figlio!".

Chist'uocchiu nun pò vidiri all'antru uocchiu.
Quest'occhio non può vedere all'altro occhio.

Cui pri figghi e niputi si sbrazza (o si sfazza), si merita pigghiatu ccu 'na mazza.
"Chi si sbraccia (o si affligge) per i figli e i nipoti, merita di essere preso a colpi di mazza".

Cu' havi figghi 'n fascia, nun pò diri figghi 'i bagascia.
"Chi ha figli piccoli, non può parlare male dei figli altrui".

Figghia 'n fascia e doti 'nta cascia.
"Figlia in fascia e dote nella cassa".

Figghi e dinari nun si nni manna a cui havi a sarvari.
"Figli e denari non si danno in custodia".

Figghioli e porci comu li insigni li trovi.
"Figli e maiali come li educhi crescono".

Li ita di la manu nun sunnu tutti 'i stessi.
"Le dita della mano, non sono tutte uguali".

Macari 'i pulici hanu 'a tussi.
"Anche le pulci hanno la tosse" cioè parla anche chi dovrebbe solo ascoltare; in genere riferito ai figli piccoli o ai bambini.

Maritati a to figghiu quannu vòi, a to figghia quannu pòi.
"Fai sposare tuo figlio quando vuoi e tua figlia quando puoi".

Nun ti si pò diri mancu chi sunnu beddi st'uocchi.
"Non ti si può dire neanche che sono belli questi occhi", lo si dice a chi è permaloso o si arrabbia facilmente.

Nuttata persa e figghia fimmina.
"Notte persa e figlia femmina".

Santu Luca Santu Luca, di cui sunnu li figghi, si l'annaca.
"Santo Luca Santo Luca, i figli a chi appartengono, se li culla".

Semu tutti di 'n ventri, ma nun semu tutti 'na menti.
"Veniamo dallo stesso ventre, ma non siamo uguali".

Setti misi, panni stisi.
"Sette mesi, panni stesi" (pronti per partorire).

Tra soru e frati nun v'intricati.
"Tra sorella e fratello non mettetevi in mezzo".

Tu si ca si' masculu, no tô soru!
"Tu si che sei un uomo, no tua sorella!"; canzonare qualcuno sulle sue qualità mascoline.

Maritu e muggheri (marito e moglie)

Affettu di matri e amuri di muggheri.
"Affetto di madre e amore di moglie".

Bellu fussi lu maritari, suddu nun fussi pri lu 'nnacari.
"Sarebbe bello sposarsi, se non fosse per il cullare".

Bonu vinu, cavaddu e muggheri sapi ognunu ca nun s' hannu a ludari.
"Buon vino, cavallo e moglie, si sa che non si devono lodare"

Cu' havi dinari assai sempri cunta e cu' havi mugghieri bedda sempri canta.
"Chi ha molti soldi conta sempre e chi ha la moglie bella canta sempre".

Cu' porta la mugghieri a ogni festa, nun cci mancherà dogghia di testa.
"Chi porta la moglie ad ogni festa, non gli mancheranno dolori di testa" (a causa del tradimento).

Cu' si marita 'nt'austu, campa 'n annu giustu.
"Chi si sposa ad agosto, vive un anno".

Miatu cu' havi bedda la mugghieri.
"Beato chi ha una bella moglie".

Muggheri onesta, trisoru ca 'resta.
"Moglie onesta, tesoso che resta".

Nuddu si pigghia, suddu nun si assimigghia.
"Nessuno prende un altro se non gli rassomiglia".

Quannu 'a mugghieri è 'na capurala, intra 'na casa picca si sciala.
"Quando la moglie è un caporale, ci si diverte poco a casa".

Tra carni e ugna nuddu si cci ancugna.
"Tra carne e unghia, nessuno si mette in mezzo".

Tra maritu e mugghieri, nun manu nun peri.
"Tra moglie e marito non mettere il dito".

Voli 'a vutti china e 'a mugghieri 'mbriaca.
"Vuole la botte piena e la moglie ubriaca" ossia volere tutto.

Matri e patri (madre e padre)

A cui mi duna lu pani, lu chiamu patri
"A chi mi da il pane, lo chiamo padre".

'A mamma è l'arma. Cu' la perdi 'un cci varagna.
"La mamma è l'anima. Chi la perde non ci guadagna".

A patri avaru, figghiu sfragaru.
"A padre avaro, figlio prodigo".

Ccu 'a scusa dô figghiuolu, 'a mamma si mancia l'ovu.
"Con la scusa del figlio piccolo, la mamma si mangia l'uovo".

Joca ccu to patri e cuntiti 'i catti
"Gioca con tuo padre e contati le carte", non fidarti mai di nessuno.

Mamma, "Cicciu mi tocca". "Tocchimi Cicciu ca 'a mamma nun cc'è".
"Mamma, Ciccio mi tocca. Toccami Ciccio che mamma non c'è".

Un patri pò campari centu figghi, centu figghi nun ponu campari 'n patri.
"Un padre può mantenere cento figli, cento figli non possono mantere un padre".

Tantu chianciu Minnedda, sinu ch'appi la cudduredda.
"Minnella pianse fine a quando ottenne la ciambella".

Parenti

Bona maritata senza soggira e cugnata.
"Buon matrimonio, senza suocera e cognata".

Chiddu chi fa pri 'i me renti, nun fa pri 'i me' parenti.
"Ciò che fa per i miei denti, non fa per i miei parenti ".

Chistu e nenti sunnu parenti.
"Questo e niente sono parenti".

Cu' havi vucca e pinnulàri, nun havi bisognu di cummari.
"Chi ha bocca e occhi, non ha bisogno di comare".

Li corvi pari ca si sciarrìanu, ma nun si scornanu.
"Sembra che litighino i corvi, ma non si scornano".

Li parenti di lu maritu sunu amari comu l'acitu; li parenti di la muggheri sunu duci comu lu meli.
"I parenti del marito sono amari come l'aceto; i parenti della moglie sono dolci come il miele".

Lu rialu di la soggira a la nora, rapi la cascia e pigghia 'na fava.
"Il regalo della suocera alla nuora, apre il cassetto e prende una fava".

Parrami nora e sentimi soggira.
"Parlami nuora e ascoltami suocera", parlare con qualcuno e riferirsi a una terza persona che ascolta.

Quannu t'ha' a maritari, a la matri ha' a taliari.
"Quando devi prendere moglie, devi guardare sua madre".

Quantu dura a nivi marzola, dura a paci da sòggira cca nora.
"Quanto dura la neve di marzo, così dura la pace tra suocera e nuora".

4 Amici e vicini

Comu l'aceddu supra virdi rrami,
Non vidennu lu viscu 'mpinci l'ali;
L'ingordu pisci spintu di la fami
Curri all'isca ppi stintu naturali;
Pirchì l'aceddi e li pisci sti trami
Nun sannu, chì su' simplici animali;
Ma iu scopru lu viscu e viju l'ami,
Puru curru cuntenti a lu me mali.

Come l'uccello sopra verdi rami,
Non vedendo il   s'impiglia l'ali;
L'ingordo pesce spinto dalla fame
Corre verso l'esca per istinto naturale;
Perché gli uccelli e i pesci queste trame
Non conoscono, perché sono semplici animali;
Ma io scopro il vischio e vedo gli ami,
Eppure corro contento incontro al mio male.

Vigo L, Opere vol. II, *Raccolta amplissima di Canti popolari siciliani* ed. II, Tipografia Galatola, Catania, 1870-74, LIX Miscellanea e vario argomento, n.5538, p. 746.

Amicu (amico)

Ahi! Tri voti dicu: cui cadi in povertà perdi l'amicu.
"Ahime'! Tre volte lo ripeto: chi cade in povertà, perde l'amico!"

A lu tò amicu veru parracci chiaru.
"Al tuo amico sincero, parla chiaramente".

Amaru cu' è muortu 'nti lu cori di 'nantru.
"Sventurato chi è morto nel cuore di un altro".

Amaru cu' nun havi a nuddu.
"Misero colui che non ha nessuno".

'A megghiu parola è chidda ca nesci d'a vucca.
"La parola migliore è quella detta al momento giusto".

Amici e vàdditi.
"Guardati dagli amici".

Amicu amicu ndô culu tu stricu.
"Amico amico e poi ti tradisce".

Amicu fàusu è malu vicinu, ti jetta la petra e ammuccia la manu.
"L'amico falso è un cattivo vicino, tira la pietra e nasconde la mano".

Arraspa 'u to amicu unni cci mancia.
"Gratta il tuo amico là dove gli prude".

Cu' è riccu d'amici, è poveru di vai.
"Chi è ricco di amici, è povero di guai".

Cu' havi dinari campa filici, ma cu' nunn'havi perdi l'amici.
"Chi ha il denaro vive felice, ma chi non ne ha perde gli amici".

Cu' pratica 'u zoppu all'annu zuppia oppure **Ccu zzoppi nun cci jiri praja praja, ca doppu l'annu poi si zuppichia.**
"Chi pratica con zoppi all'anno zoppica" (G. Verga, *I Malavoglia*, cap. XIII).

Iuniciti ccu chiddi megghiu di tia e facci 'a spisa pri 'a via.
"Unisciti a quelli migliori di te e fanne tesoro durante il viaggio che condividerete".

Lu malu cumpagnu porta l'omu a lu sdirrupu.
"La cattiva compagnia porta alla rovina".

Megghiu lassari a li to' 'nnimici, chi aviri bisognu di l'amici.
"Meglio lasciare ai tuoi nemici, che aver bisogno di amici".

Megghiu perdiri 'n amicu ca scattiari lu viddicu.
"Meglio perdere un amico che far scoppiare l'ombellico (trattenendo le flatulenze).

Megghiu testa munnata, ca crozza sutta la balata.
"Meglio calvo per la vecchiaia, piuttosto che cranio sottoterra".

Quanti amici si pèrdunu, tanti scaluna si scìnnunu.
"Tanti amici si perdono, altrettanti gradini si scendono".

Siddu dici no, ti resta l'amicu e la robba tò.
"Se dici di no, ti rimane l'amico e la roba tua".

Su l'amicu nun t'arrispunni a prima vuci, è segnu ca 'u riscussu nun cci piaci.
"Se l'amico non ti risponde subito, significa che il discorso non gli piace".

'U parrari chiaru è bellu assai.
"Parlare chiaramente è un bene".

Vicini

A banni ch'un sì 'nvitatu, pigghia un firrizzeddu e t'assetti 'n terra
"A luoghi dove non sei invitato, prendi uno sgabellinno e siedi per terra".

'A maravigghia appigghia.
"La meraviglia contamina".

Amari la sò vicina è gran vantaggiu, spissu si vidi e nun si fa viaggiu.
"Amare la vicina è un gran vantaggio, si vede spesso e non si fa viaggio" (G. Verga, *I Malavoglia*, cap. VIII).

Amaru cu' havi la mala vicina.
"Sfortunato chi ha un cattivo vicinato".

Ccu vicini e parenti, nun accattari e vinniri nenti.
"Con i vicini e i parenti, non comprare e vendere niente".

Diu ti scanzi di malu vicinu e di principianti di viulinu.
"Dio ci liberi da un cattivo vicinato e dai principianti di violino".

Li vicini su' comu li catusa (o canali), si dunanu acqua l'unu cu l'autru.
"I vicini devono fare come le tegole del tetto, a darsi l'acqua l'un l'altro" (G. Verga, *I Malavoglia*, cap. IV).

Lu vicinu è sirpenti: si nun ti vidi, ti senti.
"Il vicino è serpente: se non ti vede, ti sente".

Ndô culu 'i l'autri è 'n filu di capiddu.
"Dietro agli altri è sottile come un capello".

Pri lu pani e pri lu vinu, si cància lu vicinu.
"Per il pane e per il vino, si cambia il vicino".

Puru la rigina havi bisognu di la vicina.
"Anche la regina ha bisogno della vicina".

Quannu lu to' vicinu havi beni, quarchi ciauru ti nni veni.
"Se il tuo vicino sta bene, anche a te conviene".

Quannu 'na cosa 'a sanu cchiu di dui, 'a sanu tutti.
"Quando qualcosa la sanno più di due, la sanno tutti".

Si vô futtiri 'u tô vicinu, curcati prestu e susiti matinu.
"Se vuoi fregare il vicino, coricati presto e alzati di buon mattino".

5 Donne e uomini

Mi mannastìvu a dìri ch'era nanu,
Sìati longa vui, nun mi ni curu;
L'omini nun si vinnimu a cantaru,
Ma vannu ad unza pr'unza comu l'oru;
Quantu campani c'è 'ntra un campanaru,
E li va sona un sagristanu sulu?
Quantu gaddini ci su 'ntra puddaru,
E li guverna un gadduzzeddu sulu?
Tannu lu turcu si fa cristianu,
Quannu la donna sta cc'un omu sulu.

Mi mandaste a dire che ero nano,
Siate alta voi, non m'interessa;
Gli uomini non si pesano a cantaro
Ma vanno ad oncia come l'oro;
Quante campane ci sono dentro un campanile,
Vengono forse suonate da un solo sagrestano?
Quante galline ci sono in un pollaio,
Vengono forse governate da un solo gallo?
Allora il turco si convertirà al cristianesimo,
Quando la donna starà con un solo uomo.

Vigo L, Opere vol. II, *Raccolta amplissima di Canti popolari siciliani* ed. II, Tipografia Galatola, Catania, 1870-74, XIV Imbasciate, n.1431, p. 318.

Fimmina (femmina, donna)

A fimmina a finestra, nun fari festa.
"A donna alla finestra, non fare festa" (G. Verga, *I Malavoglia*, cap. II).

'A fimmina e 'a tila taliali ô lustru da cannila.
"La femmina e la tela, guardale sotto la luce della candela".

'A fimmina senza mantali è comu 'a minestra senza sali.
"La femmina senza grembiule è come la minestra senza sale".

Casa senza fimmina 'mpuvirisci.
"Casa senza donna impoverisce".

Cu' ama fimmina maritata, 'a so vita è 'mpristata.
"Chi ama una donna sposata, ha la vita in prestito".

Cu' bedda voli appariri, tanti vai havi a patiri.
"Chi vuole apparire bella, deve passare tanti guai".

Cu' si la pigghia picciotta assai, tummina tummina sunnu li vai.
"Chi si sposa con una ragazza molto piú piccola, passerà un mucchio di guai".

Cu' va a fimmini senza nninni, cci havi dittu: jitivinni.
"Chi va a donne senza quattrini, gli vien detto: vattene".

Di lu mari nasci lu sali e di la fimmina ogni mali.
"Dal mare nasce il sale e dalla donna ogni male".

Fimmina bianculidda, unnici misi l'annu è malatidda.
"Donna di carnagione bianca, spesso è malaticcia"

Fimmina, capiddi logni e ciriveddu cuttu.
"Donna … capelli lunghi e cervello corto" (G. Verga, *I Malavoglia*, cap. IV).

Fimmina ca s'impupa e fa tuletta, o è 'nnamurata o è cajòrda netta.
"Femmina che s'imbelletta e fa toletta o è innamorata o è sporca".

Fimmina cucinera pigghitilla pri mugghiera
"Donna che sa cucinare, sposala".

Fimmina di tilaru, jaddina di puddaru e trigghia di jinnaru.
"Donna di telaio, gallina di pollaio e triglia di gennaio" (G. Verga, *I Malavoglia*, cap. I).

Fimmina e birritta tenila stritta.
"Donna e berretto tienili stretti".

Fimmina e ventu cancia ogni mumentu.
"Donna e vento cambiano ogni momento".

Fimmina, focu e mari fannu l'omu piriculari
"Donna, fuoco e mare mettono l'uomo in pericoloso".

Fimmini, scecchi e pagghiari sunnu cosi p'accumadari.
"Donne, asini e pagliai, sono cose per accomodare".

Fimmina scura, fimmina amurusa.
"Donna bruna, donna amorevole".

Fimmina sicca, muugghieri figghialora.
"Donna magra, moglie fertile".

Fimmina trintina jèttala da marina.
"Donna trentenne, gettala dalla marina".

Fimmini schetti e maritati senza figghi, né pri dinari né pri cunsigghi.
Zitelle e sposate senza figli, né per denaro né per consigli van bene.

'I fimmini quarchi vota dicinu 'u veru, ma nun lu dicinu 'nteru.
"Le donne qualche volta dicono la verità, ma mai per intero".

La mennula ciurisci e la fimmina 'mpazzisci.
Il mandorlo fiorisce e la donna impazzisce (d'amore).

Nun cc'è sabatu sinza suli, nun cc'è fimmina sinza amuri.
"Non c'è sabato senza sole, non c'è donna senza amore".

Omu (uomo)

Ama l'omu tua ccu li vizi sua.
"Ama il tuo uomo con i suoi vizi".

Arricogghiri ad unza e cacari a rotula.
"Raccogliere a onza ed avacuare a rotoli" ossia metter insieme con fatica e poi sciupare tutto in una volta.

Calati juncu ca passa la china.
"Abbassati giunco che passa la piena".

Casa senza omu, casa senza nomu.
"Casa senza uomo, casa senza nome".

Cu' fa trenta e nun fa trentunu, appizza 'u trenta e 'u trentunu.
"Chi fa trenta e non fa trentuno, ci rimette il trenta e il trentuno".

Cu' havi culu considera.
"Chi ha il sedere capisce".

Cui cerca trova e cui secuta vinci.
"Chi cerca trova e chi persiste vince".

Cui si vardau si sarvau.
"Chi si è riguardato, si è salvato".

Cu' s'affuca ccu 'i so manu, nun cc'è nuddu ca 'u chianci.
"Nessuno piange chi si affoga con le su stesse mani".

Diu nni scanza di calamitati, d'omini spani e fimmini varbuti.
"Dio ci liberi dalle disgrazie, dagli uomini glabri e dalle donne pelose".

D'ogni pilu nni fa 'n travu.
"Un pelo diventa una trave".

Facci senza culuri, o fàusu o tradituri.
"Faccia senza colore, o falso o traditore".

Fuiri è vriogna, ma è sarbamentu di vita.
"Fuggire è da codardi, ma ci si salva".

Junciti cu li megghiu di tia e facci li spisa pri la via.
"Stai con uomini migliori di te e ne trarrai vantaggio".

L'omini nun si pisinu a cantaru, ma vanu ad unza, a pisu comu l'oru.
"Gli uomini non si pesano a cantaro, ma ad oncia, a peso come l'oro".

L'omu è lu focu e la fimmina è la stuppa; lu diavulu veni e ciùscia.
"L'uomo è il fuoco e la donna è la stoppa; viene il diavolo e soffia" (G. Verga, *I Malavoglia*, cap. I).

L'omu gilusu mori curnutu.
"L'uomo geloso muore cornuto".

L'omu porta beni, ma la fimmina lu manteni.
"L'uomo porta a casa i soldi, ma la donna li gestisce".

L'onuri chi si perdi in un mumentu, nun si ricupira in anni centu.
"L'onore che si perde in un attimo, non si recupera in cento anni".

Lu malu ferru si nni va pri la mola
"Il malo ferro se lo mangia la mola" (G. Verga, *I Malavoglia*, cap. XIV).

Megghiu cuttu e misuratu, chi longu e sgalapatu.
"Meglio essere corto e misurato, che lungo e sgraziato".

Megghiu diri "chissacciu" chi diri "chissapia."
È meglio dire "che ne so" piuttosto che dire "che ne sapevo".

Megghiu diri *tè!*, ca diri *accà!*
"Meglio dire *frena!*, piuttosto che dire *vai!*", riferito all'asino.

Megghiu 'na vota arrussiari chi centu voti aggianniari.
"Meglio arrossire una volta che ingiallire (per la bile) cento volte".

Occhiu vivu, manu lesta (o manu ô cuteddu) e ucca caura.
"Occhio vigile, mano veloce (o mano al coltello) e bocca calda".

Omu cuttu è malu pavatu.
"Uomo corto è pagato miseramente".

Omu pilusu, omu furzusu.
"Uomo peloso, uomo forte".

Omu spiuni mori 'nta 'na gnuni.
"Chi fa la spia muore isolato".

Pensa la cosa avanti chi la fai, chì la cosa pinzata è bedda assai.
"Pensa prima di agire".

S'avissi a peddiri 'u me nomu.
"Dovesse perdersi il mio nome", giurare sul proprio onore.

Tri M d'omu: medicu, musicu, mastru (o minchiuni).
"Le tre M d'ogni uomo: medico, musico, mastro (o minchione)"; gli uomini si fingono esperti e fanno minchionerie.

Unni viri e unni sviri.
"Dove vede e dove non vede".

6 Amore e innamorati

E si pir ben amari	E se per il fatto di essere innamorato
cantau iuiusamenti	avrà cantato con gioia
homo chi havissi in alcun tempu amatu,	chiunque abbia amato anche una volta,
ben lu diviria fari	ancora meglio lo dovrei fare io,
plui dilittusamenti	con maggiore diletto
eu, ki son de tal donna inamuratu,	che sono innamorato di una donna
dundi è dulci placiri,	come quella, in cui c'è dolce fascino,
preiu e valenza e iuiusu pariri	pregio, valore e aspetto affascinante
e di billici cutant'abondanza	e tanta abbondanza di bellezza
ki illu m'è pir simblanza,	che a me sembra,
quandu eu la guardu, sintir la dulzuri	quando la guardo, di provare la dolcezza
ki fa la tigra in illu miraturi;	che sente la tigre quando si specchia;

Stefano Protonotaro da Messina, *Pir meu cori allegrari*, vv. 13-24

Amuri e cori (amore e cuore)

Aceddu 'nta jaggia, siddu nun canta pri amuri, canta pri raggia.
"L'uccello in gabbia, se non canta per amore, canta per rabbia".

Ama a cu' t'ama si voi aviri spassu, pirchí amari a cu' nun t'ama è tempu persu.
"Ama chi ti ama se vuoi trarne piacere, perché amare chi non ti ama è tempo perso".

Amuri ammuccia ogni difettu.
"L'amore nasconde ogni difetto".

Amuri, biddizzi e dinari sunnu tri cosi ca nun si ponu ammucciari.
"Amore, bellezza e denari, sono tre cose che non si possono nascondere".

Amuri è amaru, ma arricria lu cori.
"Amaro è amore, ma conforta il cuore".

Amuri e chiantu stanu a latu, 'ntra lu stissu purticatu.
"Amore e pianto stanno di lato, dentro lo stesso portone".

Amuri è dintra e nun vi n' addunati, lu vuliti cacciari e nun putiti.
"L'amore è dentro e non ve ne accorgete, lo volete cacciare e non riuscite".

Amuri e gilusia sunnu sempri 'n cumpagnia.
"Amore e gelosia sono sempre in compagnia".

Amuri e signuria nun stannu in cumpagnia.
"Amor e signoria non voglion compagnia".

Amuri fa addevu.
"L'amore genera figli".

Amuri novu caccia amuri vecchiu.
"L'amore nuovo caccia quello vecchio".

Amuri nun senti cunsigghi.
"L'amore non sente consigli".

Amuri senza stentu nun trova locu.
"L'amore senza sforzi non trova luogo".

Amuri tannu è beddu, quannu è 'n pocu stizzateddu.
"L'amore non è bello se non è litigarello".

Amuri tutti diciunu ca è amaru e ognunu voli pruvari siddu è veru.
"Tutti dicono che l'amore è amaro e tutti vogliono provare se è vero"

Amuri voli fatti, nò paroli.
"Amore vuole fatti e non parole".

Cu' campa d'amuri è comu 'u sceccu 'n carduni.
"Chi vive d'amore è come l'asino che si nutre solo di cardone".

Cu' disìa, cu' schifia (o sfrazzìa) e cu' mori disiannu.
"Chi desidera, chi disprezza e chi muore desiderando".

Cu' s'innamura di capiddi e denti, s'innamura di nenti.
"Chi s'innamora di capelli e denti, s'innamora di niente".

L'acqua si nni va 'nta la pinnenza, l'amuri si nni va unni cc'è spiranza.
"La pioogia segue la pendenza, l'amore va dove c'è speranza".

Quannu amuri è capitanu, 'a muntagna pari 'n chianu.
"Quando l'amore è capitano, la montagna sembra una pianura".

Quannu la lingua voli parrari, havi prima a lu cori addumannari.
"Quando la lingua vuole parlare, deve prima chiedere al cuore"

Quannu l'amuri tuppulia, nun 'u lassari ammenzu 'a via.
"Quando l'amore bussa alla tua porta, non lo laciare in strada".

Uocchi c'atu fattu chianciri, chianciti e nun mi curu suddu lacrimati.
"Occhi che avete fatto piangere, piangete e non mi curo se lacrimate".

Ziti (fidanzati)

Accàtta e vinni quannu sì priàtu e fatti zitu quannu sì anniàtu.
"Compra e vendi quando sei desiderato e fidanzati quando sei nei guai".

Chista è 'a zita, cui 'a voli s'a marita.
"Questa è la fidanzata, chi la vuole la sposa".

D'ammasciaturi mi truvai zitu.
"Da ambasciatore son diventato fidanzato".

Quannu lu zitu e la zita si vonnu, li parenti accurdari a forza s' hannu.

"Quando due fidanzati si vogliono, i parenti devono per forza accettare".

Ziti a vasari e vavaluci a sucari, sunnu dui cosi ca nun si ponnu saziari.

"I baci degli innamorati e le lumache, sono due cose che non possono saziare".

7 Il mondo contadino: la vigna, il mulino, i frutti

ANTICHE MISURE
Nel 1861, dopo la nascita del Regno d'Italia, le antiche misure locali vennero progressivamente sostituite dal sistema metrico decimale. In alcune strade era possibile trovare affissa una tabella di riferimento come la seguente:

RAGGUAGLIO TRA LE ANTICHE MISURE COL METRICO DECIMALE

MISURE DI CAPACITA PER I LIQUIDI

	ETTOLITRI	LITRI	DECILITRI
BOTTE =	11	00	4
SALMA =	2	75	1
BARILE =	0	34	4
QUARTARA =	0	17	2
QUARTUCCIO =0		00	9

MISURE DI CAPACITA PER I SOLIDI

	ETTOLITRI	LITRI	DECILITRI
SALMA =	2	75	1
TUMOLO =	0	17	2
MONDELLO = 0		4	3
CAROZZO =	0	1	1

MISURE AGRARIE

	ETTARIARE	ARE	CENTIARE
SALMA =	1	74	62
BISACCIA =	0	43	66
TUMOLO =	0	10	91
MONDELLO = 0		2	73

PESI

	CHILOGRAMMI	ETTOGRAMMI	DECAGRAMMI
CANTARO =	79	3	4
ROTOLO =	00	7	9
ONCIA GROSSA = 00		0	7

MISURE DI LUNGHEZZA

METRO =	100 CENTIMETRI
PALMO =	26 CENTIMETRI
CANNA =	2 METRI E 6 CENTIMETRI

Arvulu e fruttu (Albero e frutto)

Aliva quantu cchiú penni tantu cchiú renni.
"Le olive, quanto piú pendono tanto piú rendono".

Aranci, Aranci. Cu' l'havi si li chianci.
"Arance, arance. Chi le ha, se le piange".

Arvulu ca non frutta, tàgghiulu di sutta.
"Albero che non fa frutto, taglialo".

A tempu di pira: "ziu Pè! ziu Pè!". Fineru 'i pira e finiu 'u ziu Pè.
"Al tempo di pere: zio Peppe, zio Peppe. Sono finite le pere ed è finito lo zio Peppe".

A tempu di racina e ficu nun cc'è né cumpari e né amicu.
"Al tempo dell'uva e dei fichi, non ci sono compagni e amici".

Ccu cu' camini, ccu (li) aranci 'nterra?
"Cammini insieme alle arance marce?"

Cirasi e pruna, chiantani una.
Ciliegio e pruno, piantane uno.

Cui fa ligna a mala banna, havi a sciri 'ncoddu.
"Chi fa la legna in un brutto posto, deve portarla addosso".

Ficu fatta, càrimi `mmucca.
"Fico maturo, cadi in bocca", lo si dice a uno scanzafatiche.

L'arvulu s'addrizza quannu è nicu.
"L'albero si raddrizza quando è piccolo".

Ogghiu comuni sana ogni duluri.
"Olio d'oliva guarisce da ogni dolore.".

Quannu l'acidduzzi nun fanu dannu, è signu ca cuntrariu avisti l'annu.
"Quando gli uccellini non fanno danno (non mangiano i frutti degli

alberi), significa che l'annata è stata pessima".

S'arricogghi zoccu si simìna; e la nucipersa nun pò fari portuvalli.
"Si raccoglie ciò che si semina; e dal nocepèsco non si avranno arance".

Un pumu fradiciu guasta tutti l'autri
"Una mela fradicia guasta le altre" (G. Verga, *I Malavoglia*, cap. XIII).

Codda (corda)

'A codda e 'u sicchiu.
"La corda e il secchio" (lo si dice di due persone inseparabili).

'A codda ruppa ruppa, cci va sutta cu' nun ci cuppa.
"La corda è piena di nodi e chi non ha colpa, viene accusato".

Iri arreri comu 'u curdaru.
"Andare indietro come il cordaio" (che indietreggiava man mano che attorcigliava i filamenti della corda). Lo si dice di chi, invece di andare avanti e progredire, va indietro e regredisce.

Cucuzza (zucca, zucchina)

Falla comu voi, sempri cucuzza è.
"Falla come vuoi, ma resta sempre zucchina".

Testa ca non parra, si chiama cucuzza.
"Testa che non parla si chiama zucca".

'U jornu di San Vinni e tanti cucuzzi logni.
"Il giorno di San Venne e tante zucchine lunghe" (un giorno atteso che non arriverà mai).

'A Jurnata (il giorno)

'A collira da sira sarbitilla pri 'a matina.
"Il dispiacere della sera rimandalo alla mattina".

'A matinata fa 'a jurnata.
"Il mattino presto fa il giorno".

'A nivi marzarola 'a notti cadi e 'u jornu nun si trova.
"La neve di marzo, di notte cade e di giorno non si trova".

Bonanotti ê sunaturi.
"Buonanotte ai suonatori".

Bongiorno a tutti! Beddi e brutti, longhi e cutti.
"Buongiorno a tutti. Belli e brutti, alti e bassi".

Cca m'agghiorna e cca mi scura.
"Qua mi si fa giorno e notte", ossia attendere invano.

Cchiú scuru di menzannotti nun pò fari.
"Piú buio di mezzanotte non può fare", peggio di cosí non si può.

Cu' pava 'a sira, è francu 'a matina.
"Chi paga (i suoi debiti) la sera, l'indomani è libero".

Di capu matina.
"Di mattina presto".

Di jornu nun nni vogghiu e 'a sira spaddu l'ogghiu.
"Di giorno non ne voglio (non concludo) e la sera consumo l'olio".

Jurnata rutta, rùmpila tutta.
"Giornata rotta, rompila tutta".

Niuru ccu niuru nun tinci.
"Nero sul nero non colora".

Nun ludari 'a jurnata suddu nun scura 'a jurnata.

"Non lodare la giornata prima che finisca".
Munti e nivi (monte e neve)

Loda la muntagna, ma teniti a lu chianu.
"Loda il monte e tienti al piano" (il piano vale assai più della montagna per la coltivazione.

Munti ccu munti nun si junci mai.
"Due monti non s'incontrano mai".

Quannu squagghia la nivi si vidinu li pirtusa.
"Quando si scioglie la neve si vedono i buchi".

Quantu cchiù àutu è lu munti, tanta cchiù profunna è la vaddi.
"Più alto è il monte, più profonda è la valle".

Saccu (sacco)

'Na nuci 'nto saccu nun pò scrusciri.
"Una noce in un sacco non fa rumore".

O siccu o saccu.
"O tutto o niente."

'U saccu di nzoccu è chinu spanni.
"Il sacco spande di ciò di cui è pieno".

Viddanu (contadino)

Diu ti scansi di viddanu arrinisciutu.
"Dio ti liberi dal contadino arricchito".

'I ricchizzi dô viddanu sunnu comu l'acqua 'ndo panaru.
"Le ricchezze del contadino sono come l'acqua nel paniere".

Lu viddanu sempri è riccu l'annu chi veni.
"Il contadino è sempre ricco l'anno successivo".

Quannu mai si 'ntisi, viddanu gentili e marinaru curtisi?
"Non si è mai sentito: contadino gentile e marinaio cortese".

Vigna, ortu e mulinu (vigna, orto e mulino)

Acqua passata nun macina mulinu.
"Acqua passata non macina piú" (G. Verga, *I Malavoglia*, cap. X).

All'ortu e a lu mulinu vacci di matinu.
"All'orto e al mulino, vai di mattina presto".

A lu giru di la via, si nni perdi 'na spiria
"A ridosso della strada, si perde una parte della semina (perché calpestata o mangiata da uomini e animali".

Amaru cu' havi 'a rannula 'nda vigna.
"Sfortunato chi ha la grandine nella sua vigna".

Avaru di canigghia e sfragaru di farina.
"Avaro di crusca e sprecone di farina" ossia scioccamente avaro.

Chianta arburi 'nmezzu 'a vigna, suddu nun pigghi frutta cogghi ligna.
"Pianta alberi in mezzo alla vigna, se non prendi frutti, raccoglierai legna".

Cu' havi 'na bona vigna, havi pani, vinu e ligna.
"Chi ha una buona vigna, ha pane, vino e legna".

Cu' zappa, zappa 'a so vigna. Cu' bonu zappa bonu vinnigna.
"Chi zappa, zappa la sua vigna. Chi zappa bene, vendemmia bene".

Pri San Micheli, la racina è comu lu meli.
"Per San Michele (29 settembre) l'uva è come il miele".

Puta a la luna di jinnaru, si vò jnchiri la vutti.
"Pota per la Luna (nuova) di gennaio, se vuoi riempire la botte".

Quannu la viti chianci, lu patruni ridi, ma si s'addìcca, la vigna sicca.
"Quando la vite piange, il padrone ride, ma se si abitua, la vigna secca".

Sgavita la vutti (o la visàzza o 'a issara) quannu è china, ca quannu è leggia si sgavta sula.
"Risparmia la botte (o la bisaccia o il contenitore) quando è piena, perché quando è vuota si risparmia da sola".

Spàgghia cu lu puija, ca l'omu s'arricria.
"Conviene dividere la paglia con il vento fresco della sera".

Vigna sicca nun fa racina.
"Vigna secca non fa uva".

8 Il mondo dei pescatori: il mare, il vento …..

"Soltanto il mare gli brontolava dietro la solita storia lì sotto, in mezzo ai faraglioni, perché il mare non ha paese nemmeno lui, ed è di tutti quelli che lo stanno ad ascoltare, di qua e di là dove nasce e muore il sole, anzi ad Aci Trezza ha il modo tutto suo di brontolare, e si riconosce subito al gorgogliare che fa tra quegli scogli nei quali si rompe, e par la voce di un amico".

G. Verga, *I Malavoglia*, cap. XV.

Mari e ventu (mare e vento)

Acqua davanti e ventu d'arreri (in N. Martoglio, *L'aria del continente*, atto III, sc. XII).
"Acqua davanti e vento dietro", sparisci come una barca in mare aperto. In *Il Feroce Saladino* (1937) di M. Bonnard, è ciò che dice Pompeo Darly (A. Musco) alla sua compagna Amalia (R. Anselmi).

'A filazza ammazza.
"Lo spiffero d'aria ammazza".

Ariu chiaru nun si scanta di trona.
"Cielo limpido non teme i tuoni".

Bon tempu e malu tempu, non dura tuttu 'u tempu.
"Buon tempo e mal tempo non dura tutto il tempo" (G. Verga, *I*

Malavoglia, cap. X).
Ccu sciroccu jetta simenza, ccu tramuntana no.
"Con lo scirocco getta la semenza, con la tramontana no".

Cu' havi lingua passa 'u mari.
"Chi ha lingua attraversa il mare".

Cu' havi robba a mari, havi nenti.
"Chi ha roba in mare, non ha nulla" (G. Verga, *I Malavoglia*, cap. X).

Cui fabrica supra rrina, la caduta è vicina.
"Ciò che si costruisce sulla sabbia, è destinato a cadere".

Grecu e Livanti, ventu d'arreri e acqua davanti.
"Grecale e levante, vento dietro e acqua davanti".

Nun disiari ventu a mari ca 'a timpesta pò arrivari.
"Non desiderare a mare il vento, perché potrebbe arrivare la tempesta".

Quannu lu mari è 'n timpesta, si viri lu bonu marinaru.
oppure **Lu bon pilotu si canusci a li burraschi.**
"Il buon pilota si conosce alle burrasche" (G. Verga, *I Malavoglia*, c.X)

Sciroccu chiaru e tramuntana scura, mettiti in mari senza paura.
"Scirocco chiaro e tramontana scura, mettiti in mare senza paura" (G. Verga, *I Malavoglia*, cap. I).

Tramuntana t'arrifridda ma ti sana.
"La tramontana ti fa raffreddare, ma ti risana".

Piscaturi e pisci (pescatore e pesce)

'A sarda di jinnaru e 'a opa di marzu.
"La sardina a gennaio e la boga a marzo".

Cu' cancia a vecchia pri 'a nova, mali s'attrova
"Chi cambia la vecchia per la nuova, peggio trova" (G. Verga, *I Malavoglia*, cap. X).

Cu' pava avanti mancia pisci fitusu.
"Chi paga prima, mangia pesce passato".

Cui tasta nun spinna.
"Chi prova non spira".

Forza di giuvani e sentimentu di vecchiu (nel film di L. Visconti, *La terra trema*, 1948).
"Forza di giovane e consiglio di vecchio" (G. Verga, *I Malavoglia*, XII)

Lu pisci di lu mari nun si sapi cu si l'havi a manciari
"I pesci del mare son destinati a chi se l'ha da mangiare" (G. Verga, *I Malavoglia*, cap. IX).

Nun si pò manciari pisci senza reschi e nun si pò aviri meli senza muschi.
"Non si può mangiare pesce senza lische e miele senza mosche".

Ogni vanedda spunta a lu cassaru[5].
"Ogni vicolo porta alla strada principale".

Pri 'n piscaturi si perdi 'na navi.
"Per un pescatore si perde la barca" (G. Verga, *I Malavoglia*, cap. XIII).

Supra vaddara cravunchiu.
"Un foruncolo sopra un rigonfiamento" ossia di male in peggio.

'U mari è amaru e 'u marinaru mori a mari.
"Il mare è amaro e il marinaio muore in mare".

'U pisci feti da' testa
"Il pesce puzza dalla testa" (G. Verga, *I Malavoglia*, cap. XII).

---

[5] F. Fanciullo, *Introduzione alla linguistica storica*, p.259: «sp. alcázar 'fortezza' e sic. cássaru 'via principale del centro abitato' (da un originario 'via che porta al castello'), entrambi da ar. qasr 'fortezza'». Più avanti, leggiamo in una nota a p. 264: «Si noti che, nelle voci spagnole, le basi arabe mantengono l'articolo arabo conglutinato (alcázar < al-qasr 'il castello', arcáduz < al-qâdûs, alfaguara < al- fawwâra), ciò che invece non sembra succedere negli arabismi siciliani (cássaru, catusu, favara)».

9 Rapporti col potere

In questa sezione, i rapporti col potere che intendo sono:

- il rapporto del popolo con il potere temporale, dei sudditi con il potere imperiale, regale, il governo e le sue leggi, le istituzioni politiche e militari, gli organi pubblici;

- il rapporto dei fedeli con il potere spirituale, ecclesiastico, con la Chiesa e i suoi rappresentanti (Papa, sacerdoti, monaci, ecc.);

- il rapporto dei contadini con i padroni dei feudi, i latifondisti, i ricchi proprietari terrieri;

- la percezione popolare dei vari ambiti di potere, come di un'eterna lotta impari tra gli oppressi di sempre e gli oppressori di turno.

Ascrivibili a questa tematica sono anche i racconti **'U figghiu du re** e **Lu re bafè, viscottu e minnè**, rispettivamente a pagina 78 e 80.

Re e surdatu (re e soldato)

Amuri di surdatu pocu dura: 'n tuccari di tammùru e addiu signura.
"Amore di soldato poco dura, a tocco di tamburo addio signora" (G. Verga, *I Malavoglia*, cap. VI).

Ccu mònici e surdati nun cogghiri amistati.
"Con monaci e soldati non coltivare amicizia".

Cu' nun ascuta, nun regna.
"Chi non ascolta (non prende consigli), non regna".

Cu' nun è bon surdatu, nun pò essiri bonu capitanu.
"Chi non è un buon soldato, non può essere un buon capitano".

Cu' nun è bonu pir 'u re, nun è bonu mancu pir 'a rigina.
"Chi non va bene al re, non va bene neanche alla regina".

"... e ti salutu Patria".
".... e ti saluto Patria" ossia addio.

Travagghiu pir 'u re, cchiú picca nni fai e miegghiu è.
"La voro per il re, meno ne fai e meglio è".

Tri sunnu li putenti: 'u papa, 'u re e cui nun havi nenti.
"Tre sono i potenti: il papa, il re e chi non ha niente".

'U re 'i conna 'i fa, ma nunni voli fatti.
"Il re fa le corna, ma non vuole che gli vengano fatte".

Papa, parrinu e monucu (papa, prete e monaco)

Ammuccia lu latinu 'gnuranza di parrinu.
"Nasconde il latino, l'ignoranza del prete".

A picca a picca 'u munucu 'nficca.
"A poco a poco il monaco si infila".

Cavaleri, parrini e malupassu dinni beni e stanni arrassu.
"Cavalieri, preti e briganti, parlane bene e stanne lontano".

Cu' havi 'n parrinu, havi 'n jardinu.
"Chi ha un prete come amico, ha un giardino".

O canti la missa, o puorti la Madonna.
"O canti la messa, o porti la statua della Madonna".

Pri 'n monucu nun si peddi 'n cummentu.
"Per un monaco non si perde un convento".

Senza dinari nun si canta missa e senza parrinu nun si cunfessa.
"Senza denaro non si fà la messa e senza prete non si confessa".

Denaro, ricchi, Governo e leggi

'A chiacchira è bella, ma 'a putiara voli 'i soddi
"Chiacchierare è bello, ma la bottegaia vuole essere pagata".

'A liggi è uguali pri tutti ma cu' havi 'i picciuli si nni futti.
"La legge è uguale per tutti, ma chi ha il denaro se ne frega".

'A tardanza nun è mancanza.
"Ritardare non significa mancare", venir meno a una promessa, a un debito, a una scadenza, a un appuntamento.

Carta scritta, leggiri si voli.
"Carta scritta per essere letta".

Càuciu di tùmminu e botta di statìa cci vonnu ad arricchiri.
"Calciare il tumulo (per ricevere maggiore quantità di frumento) e dare una spinta all'asta della bilancia, possono fa arricchire (rubando)".

Cu' mania nun pinia.
"Chi maneggia soldi non soffre".

Diu fa l'abbunnanzia e li ricchi la caristia.
"Dio fa l'abbondanza e i ricchi fanno la carestia".

Fa 'u scemu pri nun pavari 'u daziu.
"Finge di essere scemo per non pagare il dazio".

Manu ritta, coppa a dritta; manu manca, soddi a banca
"Mano destra, bastonate; manu sinistra, soldi in banca".

Ogni 'mpedimentu è giuvamentu.
"Impedimento è giovamento".

Ogni testa è tribunali!
"Ognuno ritiene di avere ragione!"

Pri mancanza di munita mastru Santu nun si marita.
"Per mancanza di denaro, mastro Santo non si sposa".

Riccu di dinari, poviru di cori.
"Ricco di denari, povero di cuore".

Ringraziamu Diu pri chiddu ca nni duna e 'u guvèrnu pri chiddu ca nni leva.
"Ringraziamo Dio per quello che ci dà e il governo per ciò che ci toglie".

Soddi fanu soddi e pirocchi fanu pirocchi.
"Soldi fanno soldi e pidocchi fanno pidocchi".

Statìa, sta a tia.
"Con la bilancia nelle tue mani, sta a te pesare", ma anche giudicare.

'U megghiu surdu è chiddu ca nun cci voli sentiri.
"Non c'è peggior sordo di chi non vuole sentire".

Usanza 'nvicchiata addiventa liggi.
"Vecchie usanze diventano legge".

Patruni e cumannari (padrone e comandare)

A lu giru di lu ciumi, nun ti fari baruni.
"Lungo l'alveo dei fiumi non ti far barone", non acquistare terra, perché non si può esser certi della proprietà[6].

Cu' è cumpagnu nun è patruni.
"Chi è compagno, non è padrone".

Cu' è supra cumanna, cu' è sutta s'addanna.
"Chi sta sopra comanda, chi sta sotto si danna".

Cumannari a bacchetta.
"Comandare a bacchetta" (G. Verga, *I Malavoglia*, cap. XII).

Cu' rispetta 'u patruni, ha a rispittari 'i soi cani macari.
"Chi rispetta il padrone, deve rispettare anche i suoi cani".

Quannu la spica pinnulia di latu, lu patruni la varda cunsulatu.
"Quando le spighe di grano pendono, il padrone si consola".

'U cumannari è megghiu dô futtiri.
"Comandare è meglio del far l'amore".

---

[6] G. Pitrè, *Proverbi siciliani*, Vol. I, pp. 27-28: "È d'uopo ricordare, dice il Minà Palumbo, che questo proverbio viene dall'epoca feudale, quando la proprietà terriera era divisa in fondi, in baronie, ed il fondo dava il titolo di Barone".

'U mastru è mastru, ma 'u patruni è capumastru.
"Il mastro è mastro, ma il padrone è capomastro".

Un signuri di pagghia si mancia un vassallu d'azzàru.
"Un signore vestito di paglia comanda un vassallo con l'armatura d'acciaio", dal proverbio francese: "Un segneur de paille mange un vassal d'acier". In riferimento al sistema feudale del vassallaggio, il cavaliere era al servizio del signore al quale aveva giurato fedeltà.

Pureddi (poveri)

A li pureddi e a li sbinturati cci chiovi 'nta lu culu macari assittati.
"Ai poveri e agli sventurati piove dentro le mutande, anche quando sono seduti".

A lu poveru e a lu malatu, nuddu lu cerca l'apparintatu.
"Il povero e il malato, nessuno li cerca per apparentarvisi".

'A puvirtà nun è virgogna, ma mancu preju.
"La povertà non è vergogna, ma neanche vanto".

10 Dio e morte, il bene e il male

**Ammatula ca ragghi e ti disperi,
ammatula ti 'ntrizzi e fai cannola:
'u santu è di marmuru e nun sura.
bedda t'avia a fari la natura.**

È inutile che ragli e ti disperi,
che ti fai le trecce e i boccoli:
il santo è di marmo e non suda,
bella doveva farti la natura.

Bene e male

Cu' ammuccia zoccu fa, è signu ca mali fa.
"Chi nasconde ciò che fa, significa che sta facendo del male".

Cui ti voli beni ti fa chianciri e cui ti voli mali ti fa arridiri.
"Chi ti vuole bene ti fa piangere e chi ti vuole male ti fa ridere".

Cu' sputa 'n celu, 'n facci cci torna.
"Non sputare in cielo, che in faccia ti viene ".

Megghiu 'u tintu canusciutu chi 'u bonu a canusciri.
"Meglio il cattivo conosciuto piuttosto che il buono sconosciuto".

Nun si pò fari mali e stari 'n chiazza.
"Non si può fare del male e starsene in piazza".

Quannu lu mali è 'nvicchiutu, mancu Ippocrati cci po' dari aiutu.
"Quando un male si è radicato, neanche Ippocrate può aiutarlo".

Si voi lu beni pensa a lu mali.
"Se vuoi il bene pensa al male".

Suddu hai 'n mali, mèntulu 'n chiazza.
"Se hai un male, dillo a tutti" (per ricevere un consiglio).

Suddu lu beni nun ritorna, a mali nun si chiama beni.
Se il bene fatto non ritorna, comunque il bene non richiama il male.

'U beni veni da' Chiana.
"Il bene viene dalla terra (la Piana di Catania)".

'U munnu è chinu di vai, cu' nn'havi picca e cu' nn'havi assai
"Il mondo è pieno di guai, chi ne ha pochi e chi ne ha assai" (G. Verga, *I Malavoglia*, cap. IV).

'U munnu è rutunnu, cu' acchiana e cu' va ô funnu.
"Il mondo è rotondo, c'è chi sale e chi affonda".

Diu (Dio)

Cu' ama Diu di cori, filici campa e filici mori.
"Chi ama Dio col cuore, vive felice e muore felice".

Di ccà a 'ntannu, pensa Diu ca è Patri 'ranni.
"Da qui ad allora, ci pensa Dio che è un Padre grande".

Diu è lagnusu, ma nun è scurdusu.
"Dio opera lentamente, ma non dimenta".

Futti futti ca Diu pirduna a tutti.
"Ruba ruba che tanto Dio perdona tutti".

L'arma a Diu, lu corpu a la terra e la roba a cui tocca.
"L'anima a Dio, il corpo alla terra e la roba a chi spetta".

Quannu Diu ti voli aiutari, sinu a la casa ti veni a truvari.
"Quando Dio vuole aiutarti, viene a cercarti fino a casa".

Morti (morte)

'A morti è capricciusa, lassa 'a vecchia e si pigghia 'a carusa.
"La morte è capricciosa, lascia la vecchia e si prende la ragazza".

Cu' si scanta, mori.
"Chi ha paura, muore".

Pri 'a morti e pri pavari, cc'è tempu.
"A morire e a pagare c'èsempre tempo".

Quannu accumincia 'a vita, nasci 'a morti.
"Quando comincia la vita, nasce la morte".

Quannu la morti è vicina, nun vali né medicu né medicina.
"Quando la morte è vicina, non serve nè medico nè medicina".

Sunamu ca muriu 'n atru.
"Suoniamo che è morto un altro".

Zoccu 'a natura fa, 'a morti 'u leva.
"Ciò che la Natura fa, la Morte toglie".

Santi e santità

Cu' zappa timpi e cu' stampa santi va chiù n'arreri ca n'avanti
"Chi zappa terreni scoscesi o stampa santi va indietro e non avanti"

Lassau dittu l'apostuli San Giuvanni: Di lu pilu russu guardatinni.
"L'apostolo San Giovanni lasciò detto: diffida degli uomini col pelo o capelli rossi".

Né a santi la curuna, né a picciriddi la cuddura.
"Non promettere né a santi la corona, né a bambini la focaccia".

Ricchizzi e santitati criditini mitati, si menu ni criditi megghiu faciti.
"Ricchezza e santità credetene metà, fate meglio però a crederne ancor meno".

San Giuseppi prima pinsau a so varba.
"San Giuseppe prima fece la sua barba e poi quella di tutti gli altri"
(G. Verga, *I Malavoglia*, cap. IX).

San Giuvanni nun voli 'ngànni.
"San Giovanni non vuole inganni".

San Tumasi tannu critti, quannu vitti e tuccau ccu li manu.
"San Tommaso ha creduto solo dopo aver toccato con mano".

Sulità è santità.
"Solitudune è santità".

Unu sulu mancu è bonu in paradisu.
"Uno solo neanche in paradiso è buono".

'U Signuri (il Signore)

Cci rissi lu Signuri a San Giuvanni: di li signaliati, vardatinni.
"Gli disse Gesù Cristo a San Giovanni, degli uomini segnati guardatene!" (G. Verga, *I Malavoglia*, cap. XIII).

Lampi e trona, itivinni arrassu, chista è la casa di Sant`Ignaziu.
Sant`Ignaziu e San Simuni, chista è la casa di nostru Signuri.
"Lampi e tuoni, andatevene, questa è la casa di Sant'Ignazio.
Sant'Ignazio e San Simone, questa è la casa di nostro Signore".

Pò stari quantu 'n Cristu nni 'na chiesa.
"Può stare quanto un Cristo in una chiesa".

Unni persi 'i scarpi 'u Signuruzzu.
"Dove perdette le scarpe il Signore", per indicare un luogo sperduto.

Unu pecca e in tronu è misu, l'autru pecca è crucifissu.
"Uno pecca ed è messo in trono, l'altro pecca ed è crocifisso".

'U Signuri cci duna 'u pani, a cui nun havi 'i denti (o **anghi**).
"Il Signore dà il pane, a chi non ha i denti".

'U Signuri dissi: vi lassu 'na cosa cchiú stimata di mia.
"Il Signore disse: vi lascio qualcosa (il denaro) che stimerete piú di me".

'U Signuri joca ravusu, ma è sempri un Patri misiricurdiusu.
"Il Signore gioca basso, ma è pur sempre un Padre misericordioso".

'U Signuri nun paa ô sabitu.
"Il Signore non paga di sabato".

'U Signuri nun senti angili cantari e mancu scecchi ragghiàri.
"Il Signore non sente gli angeli cantare e neanche gli asini ragliare".

11 Festività, mesi e stagioni

> **Oh, la viola cugghiuta a Jinnaru,**
> **c'a pinzaricci sulu, o Matri Santa,**
> **mi sentu nta la vita un trimulizzu.**
>
> Oh, la viola colta a Gennaio,
> che solo a pensarci, oh Madre Santa,
> mi sento dentro un trèmito.
>
> Calì S., *Répitu d'amuri pi la Sicilia*, Voci del Nostro Tempo Editrice, Ragusa, 1967, p. 13.

Festività

'A lupa di Santu Vitu, fa chiudiri 'u trappitu.
"La nebbia di San Vito (15 giugno), fa chiudere il frantoio".

A Natali 'a jurnata crisci quantu 'n passu di cani, pri 'a Strina quantu 'n passu di jaddina.
"A Natale la giornata cresce quanto un passo di cane, per l'Epifania quanto un passo di gallina".

A Pasqua e a Natali tutti li lagnusi diventunu massari.
"A Pasqua e a Natali, tutti i fannulloni diventano massai".

Cu' havi dinari 'nto bursittinu, fà Natali, Pasqua e San Martinu.
"Chi ha denaro, fa Natale, Pasqua e San Martino (11 novembre)".

Di l'Ammaculata a Santa Lucia, crisci quantu 'n passu di cucciaria, di Santa Lucia a Natali quantu 'n passu di cani, di Natali a l'annu novu quantu 'n passu d'omu.
"Dall'Immacolata (8/12) a Santa Lucia (13/12), (la luce del giorno) cresce quanto un passo di allodola, da Santa Lucia a Natali quanto un passo di cane, da Natale all'anno nuovo quanto un passo d'uomo".

Dopu Pasqua 'u jornu allasca.
"Dopo Pasqua le giornate si allungano".

Dura di Natali a Santu Stefanu.
"Dura da Natale a Santo Setefano" (dal 25 al 26 dicembre).

L'acqui di San Gaitanu affriscanu lu chianu
"La pioggia di San Gaetano bagna le pianure".

Natali ccu suli, Pasqua ccu tuzzuni.
"Natale col sole, Pasqua col tizzone".

Pri 'a Nunziata 'a nucidda è 'mpagghiarata
"Per l'Annunciazione (25 marzo), le nocciole sono piene di foglie".

Pri San Crispinu si tasta 'u vinu.
"A San Crispino (25 ottobre) si assaggia il vino".

Pri San Martinu ogni mustu è vinu.
"Per San Martino (11 novembre) ogni mosto è vino".

Pri San Mastianu maschiri 'n chianu.
"Per San Sebastiano (20 gennaio) le maschere" ossia cominciano i preparativi per il Carnevale.

Pri San Micheli e Santa Catarina pigghia 'a coffa e vò simina.
"Per San Michele (29 settembre) e Santa Caterina (29 aprile) prendi la cesta e vai a seminare".

Pri San Nicola 'a nivi supra 'i pisòla.
"Per San Nicola (6 dicembre), la neve sopra le tegole".

Pri San Simuni li nespuli a munzidduni e l'acqua a li vadduni.
"Per San Simone (25 ott.) nespole a bizzeffe e la pioggia ai fiumi".

Pri Santa Catarina 'a isterna s' attrova china.
"Per Santa Caterina (29 aprile), la cisterna si ritrova piena".

Pri Santa Chiara, ogni sbrizza 'na quartara.
"Per Santa Chiara (11 ago.), ogni goccia quanto una quartara".

Pri Santa Lucia 'a nuttata cchiú longa ca cci sia.
"Per Santa Lucia (13 dicembre), la nottata piú lunga che ci sia".

Pri Sant'Andria l'aranciu giarnia.
"Per Sant'Andrea (10 novembre), l'arancio ingiallisce".

Pri Sant'Anna, 'a racina s'arriala.
"A Sant'Anna (26 luglio), si regala l'uva (è pronta per essere mangiata)".

Pri Sant'Antoniu gran friddura, pri San Larenzu gran calura, l'una e l'autra   picca dura.
"Per S. Antonio Abate (17 gennaio) molto freddo, per San Lorenzo (10 agosto) molto caldo. L'uno e l'altro durano poco".

Pri San Vrasi tannicchia di suli trasi.
"Per San Biagio (3 febbraio) entra un pò di sole".

Pri tutti 'i Santi 'u friddu canti canti.
"Per tutti i Santi (1 novembre), molto freddo"

San Franciscu, pani caudu e vinu friscu.
"San Francesco (4 ottobre), pane caldo e vino fresco".

Si nun venunu li morti, nun caminunu li vivi.
"Se non viene la commemorazione dei defunti (il 2 novembre), non vanno in giro (a comperar regali per i bambini) i vivi (i genitori)".

'U quattru Barbara, 'u sei Nicola, l'ottu Maria, 'u tridici Lucia e 'u vinticincu lu veru Missia.
"Il 4 dicembre Santa Barbara, il 6 dic. San Nicola, l'8 dic. l'Immacolata, il 13 dic. Santa Lucia e il 25 dic. Natale".

I mesi

Gennaio

Jinnaru siccu, massaru riccu, quannu dicembri lassa lu lippu.
"Gennaio secco, massaio ricco, quando dicembre lascia il muschio".

La zappudda di jinnaru inchi lu panaru.
"La zappa di gennaio riempie il paniere".

Lu misi di jinnaru nun lassa jaddina 'nto jaddinaru.
"Il mese di gennaio non lascia gallina a pollaio".

Puta a jinnaru, zappa a frivaru.
"Pota a gennaio e zappa a febbraio".

Febbraio

Frivareddu è cuttuliddu, ma nun cc'è cchiú tintu d'iddu.
"Febbraio è corto, ma non c'è mese peggiore".

Marzo

Marzu e aprili ogni goccia fa 'n barili.
"A marzo e aprile, ogni goccia è quanto un barile".

Marzu spogghia 'i muntagni di iancu e 'i vesti di virdi.
"Marzo spoglia le montagne di bianco e li veste di verde".

'U suli 'i marzu annurica 'a bedda dô palazzu.
"Il sole di marzo annerisce la bella del palazzo".

Aprile

'A nivi d'aprili casca e non si vidi.
"La neve ad aprile cade e non si vede".

Aprili comu mi vidi, maju comu staju, giugnu comu sugnu, giugnettu tuttu jettu.
"Aprile come mi vedi, maggio come sto, giugno come sono, luglio getto tutto".

Maggio

Acqua di maju assuppa viddani e signuri quantu nn' incontra.
"L'acqua di maggio inzuppa contadini e signori quanti ne incontra".

Fangu di maju, spichi d'austu.
"Fango di maggio, spighe d'agosto".

Giugno

Acqua di giugnu cunsuma lu munnu.
"La pioggia di giugno rovina il mondo".

Giugnu 'a fauci 'n pugnu, giugnettu 'a fauci 'n pettu.
"A Giugno la falce in pugno, a Luglio la falce nel petto (si raccoglie il grano)".

Luglio

Giugnettu, lu frumentu sutta 'u lettu.
"Luglio: il frumento sotto il letto".

Agosto

Acqua d'austu: ogghiu, meli e mustu.
"Pioggia d'agosto: olio, miele e mosto".

Austu riustu è capu di 'mmernu.
"Agosto caldo, comincia l'inverno".

Pri austu s'ammazzunu l'agneddi.
"Ad agosto si ammazzano gli agnelli".

Settembre

Sittèmmiru caudu e asciuttu, maturari fa ogni fruttu.
"Un settembre caldo e asciutto, fa maturare ogni frutto".

Ottobre

Ottobri voli simina e vinnigna, sceghi li jorna e gràttiti la tigna.
"Ottobre vuole semina e vendemmia. Scegli i giorni e poi grattati la testa".

Dicembre

Dicembri pigghia e giugnu ti lu renni.
"Dicembre prende (semina) e giugno te lo rende (raccogli)".

Le stagioni

Di quattru cosi nun t'ha a fidari: sirinitati di 'nvernu e nuvuli di 'stati, chiantu di fimmina e caritati di frati.
"Non fidarti di 4 cose: serenità d'inverno e nuvole d'estate, pianto di donna e carità di frati".

Unni t'ha fattu 'a 'stati, ti fai 'u 'nvernu".
"Dove hai passato l'estate, (ora) ti passi l'inverno".

12 Filastrocche, gabbi, indovinelli, scioglilingua e racconti

Un populo
addiventa poviru e servu
quannu ci arrubbano 'a lingua
adduttata di patri:
è persu pi sempri.

Un popolo
Diventa povero e servo
quando gli tolgono la lingua
trasmessa dai padri:
è perso per sempre.

Buttitta I., *Lingua e Dialettu*, 1970, vv. 11-15.

Filastrocche

Ancilu battancilu	Angelo battangelo
pigghia 'na jatta e muncila	prendi una gatta e mungila
muncila ndo bicchieri	mungila in un bicchiere
è figghiu di cavaleri	è figlio di un cavaliere
Dumani è duminica	Domani è domenica
cci tagghiamu 'a testa Minica	tagliamo la testa a Minica
Minica nun cc'è	Minica non c'è
cci tagghiamu 'a testa ô re	tagliamo la testa al re
'u re è ammalatu	il re è ammalato
cci tagghiamu a testa ô suddattu	tagliamo la testa al soldato
'u suddatu casca 'n terra	il soldato cade per terra
e 'ntappa 'u culu 'n terra	e sbatte il sedere per terra
Pizzica, jaddu,	Pizzica, gallo,
pani e furmàggiu;	pane e formaggio;

veni lu cani,   arriva il cane
si pgghia lu pani;   si prende il pane;
veni lu jattu,   arriva il gatto,
si pigghia 'u furmàggiu.   si prende il formaggio.
Arrassu, canazzu!   Vai via, cagnaccio!
Chissi, ... jattazzu!   Vattene, ... gattaccio!

Gabbi[7]

Abbasta!   Basta!
Cìciri 'cca pasta!   Ceci con la pasta!

Abbasta!   Basta!
Fasoli 'cca pasta!   Fagioli con la pasta!

A, be, ce ...   A, bi, ci ...
Ciculatti 'ccu café   Cioccolattini col caffé

Accura   Attento
Ca passa 'u tram!   Che passa il tram!

A, e, i, o ...   A, e, i, o ...
O cùcchiti   Vai a coricarti

A, e, i, o, u   A, e, i, o, u
Sciccareddu ca si tu   Asinello che sei tu

Beddamatri!   Oh madre!
Quantu latri!   Quanti ladri!

Comu?   Come (Como)?
Vicinu Milanu!   Vicino Milano!

Cosi cosi,   Cose cose,

---

[7] S. Correnti, *La città semprerifiorente*, p.190: "Che cos'è un « gabbo »? È un brevissimo dialogo o un'esclamazione di contenuto umoristico o scherzoso, una presa in giro delicata e consuetudinaria, ormai codidificata e nobilitata dall'uso e dalla tradizione".

Ca mancu a Nicolosi!   Che neanche a Nicolosi!

Forti.   Forte
N'acitu!   Nell'aceto.

Haju pitittu!   Ho fame!
Manciti sceccu frittu!   Mangiati l'asino fritto!

Nni voi?   Ne vuoi?
A chiddi tinti si rici "'u voi", a chiddi boni si rici "teni".
A quelli malati si dice: ne vuoi. A quelli in salute si dice: tieni."

Pirchì?   Perchè?
Pirchì 'i scecchi sù tri e 'ccu tia fannu quattru!
Perchè gli asini sono tre e con te quattro!

Prontu, cu' parra?   Pronto, chi parla?
Don Cicciu cc'a palla!   Don Ciccio con la palla!

Saluti!   Salute!
Ca si nni va!   Che se ne va!

Sturìa?   Studia?
Sì, nt'o piattu!   Si, nel piatto!

'Nniminagghi (indovinelli)

Bedda fimmina di àvutu palazzu. Bianca sugnu e niura mi fazzu. Cascu 'nterra e nun mi sfazzu. Vaju n chiesa e luci fazzu. (Alivi)
"Bella donna dall'alto di un palazzo. Sona bianca e divento nera. Cado per terra e non mi sfaccio. Vado in chiesa e faccio luce". (L'oliva)

Cc'è 'na mannara ri piecuri russi, quannu piscianu, piscianu tutti.
"C'è una mandria di pecore rosse, quando orinano, orinano tutti" (Le tegole).

Di 'na muntagna a l'autra passa e spassa ma appriessu a idda 'un mira unni lassa. ('A vuci)
"Da una montagna all'altra passa e ripassa ma dietro a lei non lascia scia". (La voce)

Dui lucenti, dui pinnenti, quattru zuocculi e 'na scupa.
"Due lucenti, due pungenti, quattro zoccoli e una scopa" (G. Verga, I Malvoglia, cap. XI). (La mucca)

Haju 'na bedda cu setti purtusa. Liscia davanti, darrieri è pilusa ('A testa)
"Ho una bella con sette buchi. Liscia davanti, pelosa di dietro". (La testa)

Havi 'na schina, havi ddu vrazza, senza pieri camina, senza 'ucca fa scumazza. ('A varca)
"Ha una schiena, ha due braccia, cammina senza piedi, senza bocca fa schiuma". (La barca)

'Nta l'acqua nasci, 'nta l'acqua pasci. Viriennu l'acqua, iddu spirisci. ('U sali)
"Nasce nell'acqua e nell'acqua abbonda. Vedendo l'acqua, lui scompare". (Il sale)

Nun havi 'ucca e parra. Nun havi pieri e camina. ('A littira)
"Non ha bocca e parla. Non ha piedi e cammina". (La lettera)

'Nzerta chi è dda cosa ca camina casa casa e ogni tantu s'arripusa. ('A scupa)
"Indovina cos'è quella cosa che cammina per casa e ogni tanto si riposa". (La scopa).

Ravanti accurza, arrieri allonga. ('A strada)
"Davanti diminuisce e dietro si allunga". (La strada)

Suddu mi tuocchi, ti sciuppii. Suddu mi spuogghi, t'arricrii. ('A ficurinia)
"Se mi tocchi, ti fai male. Se mi spogli, ne godi". (Il ficodindia)

Sugnu un'acqua ca nun si vivi, ma chi duna dispiaciri (làrima).
"Sono un'acqua che non si beve, ma procura dispiacere" (lacrima).

Sutta 'u liettu cc'è 'na munachedda, cummigghiata ccu durici mantedda. Su pri casu la vaju a tuccari, m'abbruscianu l'uocchi e mi fa lacrimari. ('A cipudda)
"Sotto il letto c'è una monachella, coperta da dodici mantelli.
Se per caso la tocco, mi bruciano gli occhi e lacrimo". (La cipolla)

Tunnu, rutunnu, biccheri senza funnu. Biccheri nun è, addimina socchi è. (Aneddu)
"Tondo, rotondo, bicchiere senza fondo. Bicchiere non è, indovina cos'è". (L'anello)

Scioglilingua

Ccu lu tuppu `un t`appi, senza tuppu t`appi. Ccu lu tuppu o senza tuppu, basta chi t`appi e comu t`appi t`appi.
"Con lo chignon non ti ho conquistata, senza chignon ti ho conquistata. Con lo chignon o senza chignon, l'importante è averti conquistata, a prescindere dal come".

Parra ca parra 'u parrinu, pariemu parrini ca parranu.
"Parla che parla il prete, sembriamo preti che parlano".

'U papa Benifici quannu mai beni fici. 'Na vota ca lu fici, 'u chiamanu Benifici.
"Il papa Benefece non ha mai fatto del bene. Lo fece solo una volta e da allora venne chiamato Benefece".

Due racconti popolari tra fiaba e controfiaba

'U figghiu du re

Questo racconto è tratto dal film *La terra trema* (1948) di Luchino Visconti. Si tratta di una storia nella storia (mise en abîme), di un singolare racconto fiabesco all'interno del film, in cui coincidono narratore e protagonista, Lucia Valastro, e non manca il lieto fine: il figlio del re porta Lucia via con sé, lontano da Aci Trezza. Tragica, invece, è la sorte di Lucia nel finale del film: non potrà più sposarsi, perché senza più dote né onore. La sua famiglia, sopraffatta, travolta, vinta dal destino contrario, dal volere divino ("**Facemu 'a vuluntà di Diu**" dice Mara, rassegnata e sconfitta, a Nicola) cadrà in disgrazia e andrà disgregandosi inesorabilmente. Nessuno la vorrà più in moglie, in quanto amante di Don Salvatore, il maresciallo della Finanza di Aci Trezza.

'U figghiu du re di curuna, beddu comu lu suli,

camina 'n annu, 'n misi e 'n jornu,

supra 'nu beddu cavaddu jancu,

affina c'arriva 'nta 'na funtana 'ncantata,

china di latti e di meli.

Scinni di supra 'u cavaddu pir biviri e cc'attrova?

Lu me jitali ca cci l'aveunu purtatu li fati.

'U figghiu du re, virennu lu me jitali, s'innamura di mia.

Camina, camina, camina … finalmenti arrivau a Trizza

pir circari a mia, pir maritarimi.

Mi pigghia, mi menti supra 'u sô beddu cavaddu jancu

e mi porta luntanu, luntanu, luntanu … ccu iddu.

Trad.

Il figlio del re con la corona, bello come il sole,

cammina un anno, un mese e un giorno

sopra un bel cavallo bianco,

fino a quando arriva in una fontana incantata

piena di latte e di miele.

Scende dal suo cavallo per bere e cosa trova?

Il mio ditale, portatovi là dalle fate.

Il figlio del re, vedendo il mio ditale, s'innamora di me.

Cammina, cammina, cammina … finalmente arriva ad Aci Trezza

per cercarmi, per sposarmi.

Mi prende e mi mette sopra il suo bel cavallo bianco

e mi porta lontano, lontano, lontano … con lui.

Lu re bafè, viscottu e minnè

Questo racconto popolare è diffuso in tutta la Sicilia e lo si tramanda oralmente. Lo si potrebbe definire una sorta di controfiaba, dato il suo intento parodistico e il finale non lieto. L'ho trascritto così come raccontatomi da mia nonna Concettina (Concetta Gargante, n. 1912). In altre versioni, al posto di un giovane (carusu), troviamo un soldato (surdatu) o un anziano (vecchiu).

Cc'era 'na vota 'n re bafè, viscottu e minnè,
chi avia 'na figghia bafigghia, viscotta e minigghia.
'Sta figghia bafigghia, viscotta e minigghia
avia 'n aceddu bafeddu, viscottu e minneddu.

'N jornu 'st'aceddu bafeddu, viscottu e minneddu abbulò.
Allura lu re bafè, viscottu e minnè fici abbanniari:
"Cu' trova l'aceddu bafeddu, viscottu e minneddu,
lu re, bafè, viscottu e minnè, cci duna pri spusa
so figghia bafigghia, viscotta e minigghia".

Passau 'n carusu bafusu, viscottu e minnusu
jiu du re, bafè, viscottu e minnè e cci dissi:
"pigghiai l'aceddu, bafeddu, viscottu e minneddu,
mi duni a to figghia, bafigghia, viscotta e minigghia?"

Cci arrispunniu lu re, bafè, viscottu e minnè:
"Uottinni carusu bafusu, viscottu e minnusu!

Ti dugnu me figghia, bafigghia, viscotta e minigghia,
pri 'n aceddu bafeddu, viscottu e minneddu?"

Trad.

C'era una volta un re bafè, biscotto e minè,

che aveva una figlia bafiglia, biscotta e miniglia.

Questa figlia bafiglia, biscotta e miniglia

aveva un uccello bafello, biscotto e minello.

Un giorno quest'uccello bafello, biscotto e minello volò.

Allora il re re bafè, biscotto e minè fece bandire:

"A chi trova l'uccello bafello, biscotto e minello,

il re re bafè, biscotto e minè, darà in sposa

sua figlia bafiglia, biscotta e miniglia".

Passò un giovane bafoso, biscotto e minoso

andò dal re bafè, biscotto e minè e gli disse:

ho preso l'uccello bafello, biscotto e minello,

mi dai a tua figlia bafiglia, biscotta e miniglia?"

Gli rispose il re bafè, biscotto e minè:

 "Vattene giovane bafoso, biscotto e minoso!

Ti do mia figlia bafiglia, biscotta e miniglia

per un uccello bafello, biscotto e minello?"

Piccolo vocabolario siciliano-italiano

Legenda: agg. = aggettivo; art. = articolo; avv. = avverbio; cong. = congiunzione; f.=femminile; m.= maschile; part. p.= participio passato; pl.=plurale; pr. rel. = pronome relativo; prep. = preposizione; pron.= pronome; s.= sostantivo; v. = verbo.

A

'A o **la** (art. f.) = la.

A (prep.) = a. Diccillu a idda = Dillo a lei. A quattru botti = In un attimo.

Abbajari (v.) = abbaiare.

Abballari (v.) = ballare.

Abbampari (v.) = avvampare.

Abbanniari (v.) = bandire.

Abbannunari (v.) = abbandonare.

Abbentu o **avventu** (s. m.) = riposo, pace, tranquillità. Dal latino "advĕntus" = arrivo. **Nun aviri abbentu** = Non trovar requie. Nei canzonieri toscani dei testi poetici dei Siciliani, si trova **"abento"**: "non aggio abento" (in Giacomo da Lentini, nella canzone *Poi no mi val merzé né bon servire*, v. 44) o "per te non aio abento notte e dia" (nel contrasto di Cielo d'Alcamo, *Rosa fresca aulentissima*, v. 4). **Abbintari** = trovare pace, riposare. Il termine Abentare, lo si trova nella canzone di Carnino Ghilberti, *L'Amore pecao forte*, vv. 43-44: Amor m'à sì distretto,/ch'io non posso abentare. Nel proverbio **Simìna terra abbintata, ma no terra vantata** = Semina terra riposata, ma non terra lodata (sfruttata da tempo).

Abbissari (v.) = aggiustare, sistemare.

Abbuccari (v.) = cadere di lato, capovolgere, inclinare, versare. Dal catalano "abocar".

Abbulari o **avvulari** o **vulari** (v.) = volare.

Accattari (v.) = comprare. Dal normanno "acater", in francese moderno "acheter". Nella canzonetta di Ruggerone da Palermo, *Oi lasso! Non pensai*, v. 24, troviamo la parola **"accatto"** (manoscritto Laurenziano rediano 9, sezione fiorentina) o **"acato"** nel frammento lombardo[8].

Acchettu (s. m.) = asola.

Acchianari (v.) = salire. Acchiana e scinni = Sali e scendi.

Acchianata (s. f.) = salita.

Accurdàri (v.) = concordare, accettare, approvare. Dal castigliano "acordar".

Accurdàrisi (v.) = accontentarsi. S'accurda ccu 'na manciata di pasta = Si accontenta di un po' di pasta.

Accuddí o **accussí** o **cussí** (avv.) = cosí

Aceddu (s. m.) = uccello. **Aceddu di mala nova** = Uccello di cattivo augurio.

Addiccari (v.) = adescare, abituarsi, avvezzarsi, pigliar gusto.

Addiminari (v.) = indovinare.

Addivintari (v.) = diventare.

---

[8] Mascherpa G., *«Pratica della scrittura, grammatica della poesia. Prime annotazioni su un prezioso reperto lombardo della Scuola siciliana»*, in Cahiers de recherches médiévales et humanistes, Classiques Garnier, Paris, 2015, p. 29.

Addrizzarisi (v.) = raddrizzarsi.

Addubbari (v.) = riempire.

Addumannari = (v.) domandare, chiedere.

Addumari (v.) = accendere, ardere, avvampare. Dal provenzale "allumar", in francese moderno "allumer". Nel gabbo catanese: **Ni viremu dumani! Su nun nni viremu, addumamu 'a luci** = Ci vediamo domani! Se non ci vediamo, accendiamo la luce! Nella canzone di Giacomo da Lentini, *Madonna, dir vo voglio*, vv. 24-25: foc'aio al cor non credo che mai si stingua,/anzi si pur alluma. Nella canzone di Guido delle Colonne, *Amor che lungiamente m'ài menato*, vv. 40-41: E' allumo dentro e sforzo in far semblanza/di no mostrar zo che 'l mio core sente.

Addunarisi (v.) = accorgersi, controllare, verificare. Dal catalano "adonar-se".

Affènniri (v.) = offendere

Affruntàrisi (v.) = vergognarsi, confrontarsi. Dal catalano "afrontar".

Affucari (v.) = affogare.

Aggianniari (v.) = ingiallire.

Agneddu (s. m.) = agnello.

Agnuni (s. m.) = angolo. Lu basaliscu 'ntra l'oscuri agnuni/ca apri l'occhi ed ammazza li genti[9] = Il basalisco nell'oscurità che apre gli occhi e uccide le persone.

Ajeri (avv.) = ieri. Dal castigliano "ayer".

---

[9] Vigo L, Opere vol. II, *Raccolta amplissima di Canti popolari siciliani* ed. II, Tipografia Galatola, Catania, 1870-74, XXXVII Lamenti, n.2925, p. 473.

Allacatalla (avv. e agg.) = sottosópra.

Allascari (v.) = allungare.

Allèggiu (avv.) = adagio, piano. **Caminari allèggiu** = camminare piano.

Alligrizza (s. f.) = allegria, gioia.

Amaru (s. m., agg.) = amaro, misero, sventurato, sfortunato.

Amicu (s. m.) = amico.

Amistati (s. f.) = amicizia.

Ammatula (avv.) = inutile, invano. Dal greco "màten" (μάτην).

Ammuccari (v.) = abboccare, imboccare, intascare. Ammucca lapuna = Abbocca grosse api, credulone.

Ammucciari (v.) = nascondere. Dal francese antico "mucer".

Ammustrari o **amustrari** o **mustrari** (v.) = mostrare. Troviamo il part. pass. **amustratu** nella canzone di Stefano Protonotaro, *Pir meu cori alligrari*, v. 30. Nel componimento poetico del Trecento, Lamento di parte siciliana, vv. 1-2: O Fortuna fallenti, pirkì non si' tuta una?/affachiti luchenti, et poi ti **mustri** bruna.

Ammuttari (v.) = spingere. **Ammuttari 'a carretta** = Spingere il carretto.

Amuri (s. m.) = amore.

Anciova (s. f.) = acciuga. Dal catalano "anxova".

Annacari (v.) = cullare, barcamenare, dimenarsi, dondolarsi.

Anniari (v.) = annegare.

Annunca (cong.) = adunque.

Annuricari (v.) = annerire.

Anticchia (avv.) = poco; 'n anticchia = un poco; **ogni tanticchia** = di continuo.

Antura (avv.) = prima, poco fa. Dal latino "ante horam". Comu antura = Come prima.

Apparintatu (s. m.) = parentela.

Appizzari (v.) = perdere, rimettere, conficcare. **Appizzarici li pidati** = perderci la fatica.

Appressu o **appriessu** (avv., prep.) = appresso, dietro. Dal francese "après".

Arma (s. f.) = anima; 'a bon'arma = la buon'anima.

Armuarru (s. m.) = armadio. Dal francese "armoire".

Arragiunari (v.) = ragionare. **Arragiunamu?** = Dico bene?

Arraspari (v.) = grattare. Dal tedesco (periodo svevo) "raspeln".

Arrassarisi (v.) = spostarsi. Arrassiti di ccà =spostati da qua.

Arrassu (avv.) = via, lontano.

Arreri o **arrieri** (avv.) = dietro, addietro, indietro. Dal francese antico "ariere[10]".

Arrialari (v.) = regalare.

Arricogghiri (v.) = riccogliere.

Arricriari (v.) = ricreare, dare conforto o ristoro.

Arrifriddarisi (v.) = raffreddarsi.

Arriminari (v.) = mescolare. Dal catalano "remenar".

Arrispunniri (v.) = rispondere.

Arristari (v.) = arrestare, restare, rimanere, pattuire.

Arriurdari (v.) = ricordare, ammonire.

---

[10] B. Panvini (a c. di), *Gormont e Isembart*, Pratiche Editrice, Parma, 1990, pag. 32: "Quand il ot mort le bon vassal, / **ariere** enhalce le cheval;" = "Quando ebbe ucciso il valoroso vassallo caccia indietro il cavallo".

Arrusbigghiarisi (v.) = svegliarsi.

Arrusicari (v.) = mordere.

Arrussiari (v.) = arrossire.

Arsira o **assira** (avv.) = iersera.

Arvulu o **Avvulu** o **Arbiru** (s.m.) = albero.

Ascutari o **scuitari** (v.) = ascoltare.

Assimigghiari (v.) = rassomigliare.

Assittarisi (v.) = sedersi.

Astujari (v.) = asciugare.

Attummuliari (v.) = arrotolare.

Austu (s.m.) = agosto

Autru (agg.) = altro. Dal francese "autre". **Nui autri/nuatri** = noi.

Aviri (v.) = avere. Haju fami = ho fame. Nun avia nenti = Non aveva niente.

Aviri a (v.) = dovere. Haju a passari = Devo passare.

B

Badda (s. f.) = palla.

Balata (s. f.) = lastra di marmo.

Banna (s. f.) = parte, lato. Dal provenzale "banda", anche in catalano. Vutatu di dda banna = Girato da quel lato.

Barili (s. m.) = barile.

Bedda[11]**/beddu** (agg.) = bella/bello. Utilizzato, prima di un aggettivo, col significato di "molto", ad esempio: beddu 'ranni = molto grande; **beddu valenti** = molto valente (espressione utilizzata quando si esorta qualcuno a fare qualcosa, a darsi da fare).

Biddizza (s. f.) = bellezza. Li toi biddizzi m'hannu misu in guerra[12] = le tue bellezze mi hanno messo a soqquadro.

Buatta (s. f.) = latta, barattolo. Dal francese "boîte".

Bummulu (s. m.) = vaso di creta; piccola brocca per l'acqua; bernoccolo. Dal greco "bòmbyle", latino "bombyla".

Bunchiari (v.) = gonfiare.

Buttuni (s. m.) = bottone.

---

[11] C. Tagliavini, *Le origini delle lingue neolatine*, Patron Editore, Bologna 1982, p. 119: "G. Millardet, nelle sue *Études siciliennes*, attribuí la tendenza al passaggio *-ll-> -dd-*, ad un antico sostrato in Sicilia".

[12] Pitrè G., *Grammatica siciliana*, Brancato Editore, Catania, 2000, pag. 119.

C

Ca o c' (pr. rel) = che, piuttosto che. Ca pari ca furria = Che sembra che giri.

Cacocciula (s. f.) = carciofo.

Cafisu (s.m.) = cafiso (antica unità di misura, 16 lt). Dall'arabo "qafīz" (كافيسو.).

Cajòrda (agg.) = sporca, sordida.

Calàri (v.) = abbassare, mandar giù.

Calata (s. f.) = discesa.

Campari (v.) = campare, mantenere.

Canciari (v.) = cambiare.

Cani (s. m.) = cane. **Caniperru** = Cane! Perru dallo spagnolo "perro" = cane.

Canigghia (s. f.) = crusca. **Canighhia canigghia cu la trova si la pigghia** = Crusca crusca chi la trova se la prende.

Cannila (s. f.) = candela.

Cannola (s. pl.) = boccoli, riccioli.

Cantaru (s. m.) = cantaro (antica unità di misura di peso, kg 80 circa), tazza, coppa. Dal greco "kántharos" (κάνθαρος).

Capiddi (s. pl.) = capelli.

Cardacia o **caddacia** o **camurria**(s.f.) = seccatura.

Carrubba (s.m.) = frutto del carrubo. Dall'arabo "harrub" (الخروب), in castigliano "algarroba".

Cartedda (s.f.) = cestino, cesta di canne. Dal greco "kartallos" (κάρταλλος); latino "cratellum".

Carusu (s.m.) = ragazzo. Dal greco "koùros" (κοῦρος); latino "carus".

Cascia (s. f.) = cassa, cassetta.

Cassata (s. f.) = dolce di ricotta. Dal latino "caseum". **Cu' nn' appi nn' appi, cassati di Pasqua** = Quel ch'è fatto è fatto.

Catalettu (s. m.) = cataletto, barella, lettiga. Dal lat. catalectus, formato dal gr. κατά «giù, in basso» e dal lat. lectus «detto». **Carrettu, catalettu** = "Carro, cataletto" (G. Verga, *I Malavoglia*, cap. II).

Catina (s. f.) = catena. **Pazzu di catina** = matto da legare.

Catinazzu (s. m.) = catenaccio. **Catinazzu 'mmucca!** = Acqua in bocca!

Cattigghiari (v.) = fare il solletico. Dal provenzale "ghathilar".

Cauciu (s.m.) = calcio.

Cazzicatùmmula (s. f.) o **cozzicatùmmula** o **capuzzuni** = capitombolo, capriola.

Ccà o **ccani** o **cca** (avv.) = qua. Ccà banna e ddà banna = Da questa parte e da quella parte.

Cchiú (avv.) = piú.

Cci (pron.) = gli, le, ci. Cci duna = Gli da. Cci ricupria = Gli ricopriva. Cci pari = Gli sembra. Cc'eranu = c'erano. Cci nni sunnu = ce ne sono. Cci nn'era = ce n'era.

Ccu o **cu** (prep. semp.) = con. Cu ragiuni = Con ragione, pretesa.

Celu (s. m.) = Cielo. Lu celu mi cunsigghia amari a tia[13] = Il cielo mi consiglia di amarti.

Ch' o **chi** (agg., cong., pr.) = che, il quale, cosa, che cosa. Chi aviti? = Cosa avete? Ch'hannu = che hanno.

---

[13] Vigo L, Opere vol. II, *Raccolta amplissima di Canti popolari siciliani* ed. II, Tipografia Galatola, Catania, 1870-74, XVII Dichiarazione, n.1544, p. 332.

Chiancheri o **vucceri** (s. m.) = macellaio.

Chianciri (v.) = piangere. Chianciti picciriddi ca la mamma vi l'accatta = Piangete bambini che la mamma ve le compera (così dicono alcuni venditori ambulanti).

Chiantari (v.) = piantare.

Chiantu (s. m.) = pianto.

Chianu (agg.) = piano, piatto, calmo. Dal latino planum. Mari chianu = mare in bonaccia. Nella canzone di Tommaso di Sasso, *D'amoroso paese*, vv. 29-31: Amore, che nel mare tempestoso/navica vigoroso, e ne lo chiano/teme lo tempestato.

Chianu (s. m.) = piano, pianura. A pedi chianu = pianoterra.

Chiaru (agg.) = chiaro.

Chiddhu/a/i, chiddu/a/i, chiddru/a/i, ddu/a/i, ddru/a/i (agg. e pron. dim.) = quello/a/i, colui, ciò. Ddu cani = quel cane.

Chinu (agg.) = pieno.

Chioviri (v.) = piovere.

Chistu/a/i o **'stu/a/i** (agg. e pron. dim.) = questo. Nè chistu nè chiddu = nè questo nè quello. **Quistu** nella canzone di Stefano Protonotaro, *Pir meu cori alligrari*, v. 44.

Chiudiri (v.) = chiudere.

Ciatu o **sciatu** o xiatu[14] (s. m.) = fiato. Ciatu mio! = Amore mio!

Ciauru (s. m.) = odore. **"Vossia ciaura, ca cci 'u 'mmogghiu"** = "Signora lo odori e poi glielo incarto", gridano talvolta i venditori nelle fiere del catanese.

---

[14] Pitrè G., *Grammatica siciliana*, Brancato, Catania, 2000, p. 40: il latino fl (es. flatus, flumen, flamma, florem, flancus) passa in c o sc, che anticamente si scriveva con x.

Cicara (s. f.) = tazzina da caffé. Dal castigliano "jìcara".

Cirasa (s.f.) = ciliegio, ciliegia. Dal latino "cerasum"; in greco "kerasià" (κεϱασιά), in castigliano "cereza", in francese "cerise".

Ciriveddu (s. m.) = cervello.

Ciumi o **sciumi** o xiumi (s. m.) = fiume.

Ciuri o **sciuri** o xiuri (s. m.) = fiore.

Ciusciari (v.) = soffiare. Ciuscia pri darreri = Soffia da dietro.

Cociri (v.) = cuocere.

Codda (s. f.) = corda.

Cogghiri (v.) = cogliere, raccogliere.

Comu o **cuomu** (avv., cong., prep.) = come.

Coppa (s. pl.) = botte, bastonate. Dari coppa a leva pilu = darle di santa ragione.

Cori (s. m.) = cuore. Cori afflittu = cuore afflitto. **Cori cuntentu** = cuore contento; felice. **Aviri 'u cori abbagnatu 'ndo zuccaru** = avere il cuore immerso nello zucchero; essere innamorato. **Cci manciassi 'u cori** = Gli mangerei il cuore. **Buttana di 'stu cori latru** = Maledetto questo cuore ladro.

Cozzu (s. m.) = nuca. Pl. cozza.

Crastu (s. m.) = montone, cornuto.

Craunchiu o **cravunchiu** (s. m.) = foruncolo.

Crisciri (v.) = crescere.

Crivu (s. m.) = setaccio. Dal greco "krino" (xϱίνω).

Cruna (s. f.) = corona.

Cucinera (s. f.) = cuoca.

Cucitura (s. f.) = cottura. Menza cucitura = Metà cottura.

Cucuzza (s. f.) = zucca, zucchina.

Cuddura (s. f.) = focaccia, ciambella. Dal greco "kollyra" (κολλυρα).

Cugnata (s. f.) = cognata.

Cugnu (s. m.) = pezzo di legno, cuneo ("cuneus" in latino).

Cui o **cu'** (pr. rel.) = chi, colui che, coloro che. Cui la vidia = Chi la vedeva. **Cu' ni voli 'a carni e cu' ni voli l'ossa** = chi ne vuole la carne e chi ne vuole le ossa (L. Visconti, *La terra trema*, 1948).

Cuitari (v.) = quietare, calmare, acchetare.

Culuri (s. m.) = colóre.

Cumannari (v.) = comandare.

Cummari (s. f.) = comare

Cummentu (s. m.) = convento.

Cummigghiari (v.) = coprire.

Cumpari (s. m.) = compare. Nel catanese, abbreviato in **'mbare**.

Cuntari (v.) = contare, raccontare. **Cunti lamenti, ma ti fai tutti 'i divertimenti** = Racconti lamenti, ma non ti fai mancare alcun divertimento.

Cunzari (v.) = acconciare, rifare, condire, aggiustare, sistemare, preparare. **Lettu cunzatu e pani minuzzatu** = Letto sistemato e pane tagliato; due cose che si desiderano trovare.

Cùrciu o **cucciu** (agg.) = corto, cucciolo, codimozzo.

Curria (s. f.) = cinghia. Dal castigliano "correa".

Curtigghiu (s. m.) = cortile. Sic. med. **cortiglu**. Dal normanno "curtil".

Curtu o **cuttu** (agg.) = corto.

Cuscienza (s. f.) = coscienza.

Custureri (s. m.) = sarto. Dal normanno "coustrier", in francese moderno "coutourier".

D

Dammagiu (s. m.) = danno. Dal francese "dommage".

Darrè o **darreri** (avv.) = dietro. Dal francese "derrière".

Dari (v.) = dare. A Paternò: **dari li pira** = dare bastonate.

Ddà o **Ddrà** (avv.) = là.

Ddocu (avv.) = qui.

Ddu/a/i o **chiddu/a/i** (agg. e pron. dim.) = quello/a/i. Ddu mumentu = quel momento.

Denti o **renti** o **anghi** (s. m.) = dente, denti.

Di o **'i** (prep. sem.) = di.

Dimannari o **dumannari** (v.) = domandare, chiedere.

Dintra o intra (avv. e prep.) = dentro. **Dintru** nella canzone di Stefano Protonotaro, *Pir meu cori alligrari*, v. 30.

Diri o **diciri** (v.) = dire. Dirivi = Dirvi.

Disiari o **addisiari** (v.) = desiderare

Dittu (s. m. o part. p.) = detto.

Dogghia (s. f.) = doglia, dolore.

Du (di lu) o **dô** (prep. art.) = del.

Du' o **dui** (agg.) = due.

Ducizza (s. f.) = dolcezza.

Dunari (v.) = dare, donare.

Dunca (cong.) = dunque, quindi.

Dunni o **d'unni** (avv., pron.) = donde, da dove, da cui. **Dundi** nella canzone di Stefano Protonotaro, *Pir meu cori alligrari*, v.19

E

E (cong) = e.

E' (prep. art.) = ai, alle.

Essiri (v.) = essere. Sugnu = Io sono. Si' = Tu sei. Sunnu = Loro sono.

Eu = io.

F

Fastuca (s. f.) = pistacchio. Dall'arabo "fustuq" (فستق).

Fattu o **factu** (s.m. o part. p.) = fatto.

Fauci (s. f.) = falce.

Fidarisi o **firarisi** (v.) = fidarsi.

Figghiu (s. m.) = figlio.

Filazza o **sfilazza** o **'ngagghia** (s. f.) = spiffero.

Fimmina (s. f.) = femmina

Firriari (v.) = girare.

Firrizzu o **zamparuni** o **scannu** (a Catania) o **zugaruni** (a Corleone) (s. m.) = sgabello. **Mi metti firrizzi 'mmenzu li pedi** = mi mette il bastone tra le ruote.

Fora (avv.) = fuori.

Frevi (s. f.) = febbre.

Friiri (v.) = friggere.

Friscu (s.m., agg.) = fresco.

Frumentu (s. m.) = frumento.

Fudda (s. f.) = folla, confusione. **Fudda e mala vinnita** = Confusione e cattive vendite.

Fùiri (v.) = fuggire, scappare. Fuju = scappò.

Fùnnacu (s. m.) = magazzino.

Furriari o **firrïari**(v.) = girare. **Furriari l'arcalamecca** (spagn. ir de Ceca en Meca) = andare o essere stato ovunque, ma invano.

G

Gattighiari (v.) = grattare, solleticare.

Gèbbia (s. f.) = vasca per la raccolta dell'acqua. Sic. medievale **gebia**.

Giarniari o **gianniari** o **aggiarniari** (v.) = ingiallire.

Giarnu (agg.) = giallo. Dal francese "jaune".

Giugnettu (s. m.) = luglio. Dal normanno "juignet", in francese moderno "juillet."

Giuvamentu (s. m.) = giovamento. Dal latino tardo "iuvamentum", da "iuvare" = giovare.

Gnutticari (v.) = piegare, ripiegare.

Granciu o **'ranciu** (s. m.) = granchio.

Grapiri o **'rapiri** (v.) = aprire. 'Rapi = Apri.

Gruppu o **ruppu** (s.) = nodo, groppo, gruppo. Dall'arabo "group".

Guaddara o **vaddara** (s. f.) = ernia. Dall'arabo "adara".

I

'I o **li** (art. det. pl.) = i, gli, le.

'I o **di** (prep. s.) = di

Idda, **iddu** (pron.) = lei, lui. Idda m'arrispunniu = Lei mi rispose. Iddu stissu = lui stesso.

Impedimentu (s. m.) = impedimento, inibizione.

Impuparisi (v.) = agghindarsi, farsi bello/a.

Inchiri (v.) = riempire.

Ingagghiari o '**ngagghiari** (v.) = incappare, incagliare, impigliare, cogliere alla sprovvista.

Ingrasciatu (agg.) = sporco, sudicio.

Insemula (avv.) = insieme.

Intra (avv.) = dentro; a casa.

Iri (v.) = andare.

Isari (v.) = alzare. Dal castigliano "izar", francese "hiser". Isari 'a vuci = alzare la voce.

Itu (m.s.) = dito. Li ita = Le dita.

Iu = io. Iu sulu = Io solo.

J

Jaddina (s. f.) = gallina.

Jaddinaru (s. m.) = pollaio.

Jaggia (s. f.) = gabbia.

Jardinu (s. m.) = giardino.

Jatta (s. f.) = gatta.

Jditu (s. m.) = dito.

Jettari o jittari (v) = gettare.

Jimmu o jimbu o jumbu (s.m.) = gobba. Dal latino medievale "gumbus" = gobba, schiena.

Jimmirutu o jimmurutu (s. m.) = gobbo.

Jinnaru (s. m.) = gennaio.

Jnchiri (v.) = riempire. Jnchia = riempiva

Jornu (s.m.) = giorno. 'Njornu = un giorno.

Jri (v.) = ire, andare. Jri 'nsusu = andare su. Nun ti nn'jri = Non te ne andare.

Juculanu o jucazzanu (agg.) = giocoso.

Judici (s.m.) = giudice.

Jujusu (agg.) = giocoso.

Junciri (v.) = unire, giungere.

Juncu (s. m.) = giunco.

Jurnata (s. f.) = giornata.

L

La o **'a** (art. det.) = la.

Ladiu o **lariu** o **laidu** (agg) = brutto. Dal normanno "laid".

Lagnusu (agg., s. m.) = pigro, fannullone.

Lapa (s. f.) = ape.

Lapuni-a (s. m.) = pecchione, fuco (maschio dell'ape domestica).

Lassari (v.) = lasciare.

Lastima (s. f.) = lamento, fastidio, pena, afflizione. Dal castigliano "lástima".

Lastimiusu (agg) = penoso.

Lavanca (s. f.) = frana. Parola che risale ai Siculi.

Lèggiu (agg.) = vuoto, leggero.

Lestu (agg.) = veloce.

Li o **'i** (art. det.) = i, gli; (pron. pers. com.) li.

Liccu (agg.) = ghiotto. Dal greco "liknos".

Liscìa (s. f.) = ranno (miscuglio di cenere e acqua bollente, usato in passato per lavare il bucato). **Aviri 'a liscìa** = Scherzare senza un motivo apparente.

Lìsciu (agg.) = insipido, insapore, inodore. Ad esempio: **Lisciu comu 'a pagghia** = "Insapore come la paglia" oppure **Piritu lisciu** "Peto inodore o silenzioso"; si tratta di due modi dire che stanno a indicare una persona noiosa, passiva, ignava. Il termine lìsciu può avere anche il significato di: liscio, fastidioso, insopportabile, antipatico. Ad esempio: **Ti facisti lìsciu** = "Sei diventato antipatico" oppure **Si' cchiù lìsciu di 'n coddu di buttigghiuni** = "sei più liscio di un collo di bottiglia", lo si dice ad una persona quando comincia a infastidire col suo modo di scherzare.

Liuni (s. m.) = leone.

Longu/logni (agg.) = lungo/lunghi, alto. **Longu ammatula** = Alto inutile.

Lu o **'u** (art. det. o pron.) = il, lo.

Ludari (v.) = lodare.

Lumia (s. f.) = limone.

Lungiamenti (avv.) = a lungo, per molto tempo. Sic. letterario. Lungiamente in *Amore, che lungiamente m'hai menato* di Guido delle Colonne.

Lupu (s. m.) = lupo.

Lurdia (s. f.) = sporcizia.

M

Ma' (avv) = mai.

Macari (cong.; inter.) = anche; magari. Macari Diu! = Magari Dio!. Dal gr. makárie, vocativo di makários (μακάριος) = felice.

Madduni (s. m.) = mattone.

Maju (s. m.) = maggio.

Malu (agg.) = malo. Dal latino "mălus"= cattivo, brutto, malvagio, disgraziato, dannoso, pericoloso. Malu cristianu = Uomo malvagio. Malasurtatu = disgraziato.

Manciari (v.) = mangiare, prudere, rodere, consumare.

Maniari (v.) = maneggiare.

Manigghia (s. f.) = maniglia.

Mannari (v.) = mandare.

Maravigghia (s. f.) = meraviglia.

Massaru (s. m.) = massaio.

Massimamenti (avv) = principalmente, tanto più. Sic. letterario.

Matri (s. f.) = madre.

Mènnula (s. f.) = mandorla. **Mennuli atturrati** = mandorle tostate.

Quagghiari 'a mennula = diventare maturo; lo si usa ironicamente.

Menti (s. m.) = mente.

Miatu (agg.) = beato.

Midicamentu (s. m.) = medicamento.

Minzignaru o **munzignaru** (s. m.) = menzognero, bugiardo.

Mischinu (m.s.) = poverino, mendicante. Dall'arabo "miskīn" (مسكين) e ancora prima dall'accadico "muškēnum".

Mmani o **'n mani** (prep. + nome) = in mano.

Mmernu (s. m.) = inverno

Mmezzu o **'n mezzu** = in mezzo.

Mmidia (f.s) = invidia

Mmidiusu (agg.) = invidioso.

'Mmucca o **'n vucca** (prep. + nome) = in bocca.

Monicu (s. m.) = monaco.

Morti (s. f.) = morte. Morti subitania = morte improvvisa.

Muccaturi (s. m.) = fazzoletto. Dal castigliano "mocador".

Muddica o **muddrica** (f.s) = mollica, briciola.

Muggheri (s. f.) = moglie.

Munnari (v.) = sbucciare, mondare.

Munnizza (s. f.) = immondizia.

Munnu[15] (s. m.) = mondo

Muntuari (v.) = accennare, nominare. Dal normanno "mentevoir".

Munti (s. m.) = monte. **Mungibeddu** = Mongibello, l'Etna; una parola composta dal latino "mons" + l'arabo "ğebel", "ğabal" (جبل).

Mustàzzi (s.pl.) = baffi. Dal francese "moustache".

Muzzicari (v.) =mordere.

---

[15] C. Tagliavini, *Le origini delle lingue neolatine*, Patron Editore, Bologna 1982, p. 101: "una delle caratteristiche dei dialetti italici, rispetto al Latino, era l'assimilazione *nd > nn, mb > mm*. Orbene, questa stessa assimilazione si trova in tutti i dialetti italiani centro-meridionali (Romanesco e Siciliano compresi, eccettuati appena gli ultimi lembi della Calabria e del Salento e un angolo della Sicilia nord-orientale), p. es. *monno* = mondo e *iamma* = gamba". I dialetti italici comprendevano: l'Osco, lingua degli antichi Sanniti, parlata anche dai Mamertini nella colonia siciliana di Messina; l'Umbro e i dialetti Sabellici.

N

'N (art., prep.) = un, in, per. Pari 'n cani = Sembra un cane. 'N terra = Per terra.

Naca (s.f.) = culla, vello di pecora. Dal greco "nake" (ναϰη). Da cui deriva il verbo **annacari** = cullare.

'Ncugnari (v.) = appoggiare, avvicinare, accostare, unire. Dal francese "rencogner" = spingere, serrare in un angolo. 'Ncugnari 'a porta = chiudere la porta.

Nenti (avv.) = niente.

Nesciri (v.) = uscire.

Nicu (agg.) = piccolo. Dal greco "nicròs", variante di "micròs" (μιϰρός).

Ninni o **nninni** (s. pl.) = denari, dindi.

Niuru (agg.) = nero.

Nni (avv., pron.) = ne.

Nnimicu (s. m.) = nemico

'Nnintra (avv.) = in dentro.

Nolitu (s. f.) = voglia.

Nomu o **nnomu** (s. m.) = nome. Dal latino "nomen" = nome, razza, popolo, fama, celebrità.

Nsemula = insieme.

'Ntra (prep.) = tra. 'Ntra sti quattru mura = Tra queste quattro mura.

'Ntrizzari (v.) = intrecciare.

Nuci (s. f.) = noce, sia frutto che pianta.

Nuddu (agg., pr.) = nessuno.

Nui (pron. pers. pl.) = noi.

Nun o **'un** o **nu'** o **'n'** (avv.) = non.

Nunni = non ne; nunni voli = non ne vuole.

Nzajari (v.) = provare. Dal castigliano "ensayar", francese "essayer",

'Nzertari (v.) = indovinare. Dal catalano "encertar".

O

O =(cong) o

Ô (prep. art) = al, allo. Sta per: a lu, a 'u. Corrisponde al francese "au".

Occhiu o **uocchiu** (s. m.) = occhio.

Oggellannu (s. m.) = l'anno scorso. Dal latino "hodie est annum".

Ogghiu (s. m.) = olio.

Onninamenti (avv) = del tutto, in tutto. Sic. letterario.

Opirari (v.) = agire, operare.

Orbu[16] (s. m.) = cieco. Dal latino "orbum".

Ovu (s. m.) uovo.

---

[16] A. Varvaro, *Adultèri, delitti e filologia*, Il Mulino, Bologna, 2010, p. 66: "Nella tradizione siciliana l'orbu è proprio chi esercita la professione del cantastorie itinerante".

P

Pacenza o **pacienzia** (s. f.) = pazienza.

Palora/i (s. f.) = parola/e.

Palumma (s. f.) = colomba. Dal castigliano "paloma".

Panaru (s. m.) = paniere.

Pantaciata o **pantasciata** (s. f.) = fiatone.

Pariri (v.) sembrare, apparire.

Parrari (v.) = parlare.

Parrinu (s. m.) = prete.

Paru o **pariggiu** (avv.) = molto, uguale. Dal provenzale "paratge".

Passu (s. m.) = passo.

Patiri (v.) = patire, soffrire.

Patri (s. m.) = padre.

Pavari o **paari** (v.) = pagare.

Pecura (s. f.) = pecora.

Pedi (s. m.) = piede, pianta. Pedi longu = Chi ama stare in giro.

Peju (agg., avv.) = peggio.

Penniri (v.) = pendere.

Perdiri o **peddiri** (v.) = perdere.

Pettu (s. m.) = petto.

Pigghiari (v.) = prendere.

Pinnenza (s. f.) = pendenza.

Pir o **pri** (prep.) = per.

Piaciri (s. m.) = piacere.

Picca (avv.) = poco. A picca a picca = a poco a poco.

Piccaturi (s. m.) = peccatore.

Picciottu (s. m.) = ragazzo.

Picciridu (s. m.) = bambino.

Pidicuddu o **piricuddu** (s. m.) = picciuolo. Dal lat. Pediculus.

Pigghiari (v.) = prendere. Dal castigliano "pillar".

Pignata (s. f.) = pentola. Dal castigliano "piñata".

Piniari (v.) = penare, soffrire.

Pinnularu (s. m.) = occhio, bargiglione.

Pinzari o **penzari** o **pensari** (v.) = pensare.

Pinzeri (s. m.) = pensiero. Stari cu pinzeri = Stare in pensiero.

Pir o **pri** (prep.) = per.

Pirchí (avv.) = perché.

Pircocu o **pricocu** (s. m.) = albicocco/a. Dal greco "berikoko" (βερὑκοκκο), latino "precoqum". Nel palermitano **varcocu**.

Piriculiari (v.) = pericolare, correre pericolo.

Pirocchiu (s. m.) = pidocchio.

Pirtusu o **purtusu** (m.s.) = buco, pertugio.

Pisari (v.) = pesare.

Pisci (s. m.) = pesce, pesci.

Pisciacozza (s. f.) = tartaruga (nel paternese e in alcune zone del ragusano).

Pitrusinu (s. m.) = prezzemolo. Dal greco "petrosèlinon", latino "petroselinum".

Pizzicari (v.) = pizzicare.

Preju (s. m.) = pregio, vanto.

Prestamenti (avv.) = subito, al piú presto. Sic. letterario.

Pri o **pir** o **ppi** (prep.) = per. Pri camora = Per ora.

Priàri (v.) = pregare. **Priàtu** (part. pass.) = pregato.

Priàrisi (v.) = rallegrarsi, gioire. Dal catalano "prear-se". Da cui il participio sostantivato **Priata** = gioia, allegria, in Aulenti primavera/Ki rinova la priata[17] = Odorosa primavera che rinnova la gioia.

Priàtu (agg.) = allegro, felice.

Primura (avv.) = fretta.

Proiri (v.) = avvicinare.

Puma (s. f.) = mela. Dal francese "pomme".

Punciri (v.) = pungere.

Pupa (s. f.) = bambola. **Opira di Pupi** = Opera dei Pupi, ossia teatro delle marionette siciliano, i cui protagonisti sono Carlo Magno e i suoi paladini.

Purtari (v.) = portare.

Puru (cong.) = pure, anche.

Putia (s. f.) = negozio, bottega.

Putiaru (s. m.) = bottegaio.

Puurazzu o **puvirazzu** (s. m.) = poveraccio.

Puureddu o **puvireddu** (s. m.) = poverello.

---

[17] *I poeti della Scuola siciliana*, vol. III, pag.1121.

Q

Quantu (avv.) = quanto

Quartara (s. f.) = brocca, vaso in terracotta, antica unità di misura (c. 17 lt).

Quasari o **guazari** (v.) = calzare.

Quasetti o **cosetti** (s. m. pl.) = calze. Dal francese "chausettes".

R

Racina (s. f.) = uva. Dal normanno "raisin", in francese moderno racine.

Raggia (s. f.) = rabbia.

'Ranni (agg.) = grande.

Rannula o **rannuli** (s. f.) = grandine

Rasta (s.f.) = vaso di fiori. Dal greco "grasta".

Ravusu (agg.) = gravoso, basso.

Redejosé (s. m.) = piano terra. Dal francese "rez de chaussée".

Resca (s. f.) = lisca.

Rialu (s. m.) = regalo.

Rittu o **drittu** (agg., avv., part. pass.) = dritto, detto. Camina rittu comu t'haiu rittu = Cammina dritto come ti ho detto.

Riustu (agg.) = caldo.

Rizettu (s. m.) = riposo.

Rucculiari o **arrucculiari** (v.) = ululare, guaire.

Runfuliari (v.) = russare. Dal francese "ronfler".

S

Sapiri (v.) = sapere; sapia = sapeva.

Sarbari (v.) = conservare, salvare.

Sbiddicari (v.) = spizzare. **Spiddicari 'i carti** = scoprire lentamente le carte.

Sbinturatu (agg.) = sventurato, sfortunato.

Sbotari o **sbutari** (v.) = svoltare.

Sbrazzarisi (v.) = sbracciarsi.

Sbrizza o **stizza** o **stizzana** (s. f.) = goccia. A stizza a stizza = a goccia a goccia.

Scafazzari (v.) = schiacciare.

Scantarisi (v.) = spaventarsi, preoccuparsi.

Scantu (s. m.) = spavento.

Scarsizza (s. f.) = scarsità

Sceccu (s. m.) = asino, somaro. Probabilmente dal turco "eşek". Un nome simile si trova nell'armeno "ishak" (հշակ), nel russo "ishak" (ишак), nell'eolico "iccos" (ἴκκος), che derivano dall'indoeuropeo "hékwos" = cavallo. Essiri sceccu 'i travagghiu = essere trattato come un animale da soma.

Scheretru (s. m.) = scheletro.

Schettu/a (s.) = celibe/nubile.

Schittu (agg.) = semplice.

Sciafferu (s. m.) = autista. Dal francese "chauffeur".

Scialìbbia (s. f.) = sciabà, giorno di festa e di allegia.

Scialibbiari o **scialarisilla** (v.) = divertirsi spensieratamente.

Sciancatu (agg) = storpio.

Sciarra (s.f.) = lite.

Sciarriari (v.) = litigare.

Scicare (v.) = strappare. **Scica percalle** = Strappa le lenzuola (con una scorreggia).

Sciddicari (v.) = scivolare

Sciffunera (s. f.) = mobile con lo specchio sopra. Dal francese "chiffonier".

Scinniri (v.) = scendere

Sciumi o **ciumi** (s. m.) = fiume.

Sciusciari (v.) = soffiare.

Scippu (s. m.) = furto. Dal francese "chiper".

Scrusciu (s. m.) = scròscio, rumore.

Scunzari (v.) = scompigliare, scombinare.

Scuru (s. m.) = buio.

Scurusu (agg.) = scuro.

Scuzzaria o **scuzzara** (s. f.) = tartaruga

Sdiddiccari (v.) = disabituare.

Sdirubbari (v.) = cadere, gettare a terra.

Sdivacari (v.) = buttare.

Sèntiri (v.) = sentire.

Sfazzari (v.) = affliggere, sfare.

Sfragaru (s. m., agg.) = sprecone, prodigo.

Sgalapatu (agg.) = sgraziato, sgangherato.

Sgarrari (v.) = sbagliare. Dal catalano "esguerrar".

Sgavitari (v.) = risparmiare.

Sì (dal v. essere) = sei. Sì pulitu = Sei pulito.

Si (part. pron.) = si. Si cc'inficca = Ci si mette.

Sicchiu (s. m.) = secchio.

Siddiari (v.) = infastidire

Siddiarisi (v.) = arrabbiarsi.

Signa (s. f.) = scimmia. Dal francese "singe".

Simana (s. f.) = settimana. Dal castigliano "semana".

Sirbimentu (s. m.) = servizio.

Sittemmiru (s. m.) = settembre.

Smicciari (v.) = adocchiare, vedere. Iu nun cci smicciu = Io non ci vedo.

So o **sô** o **soi** (agg. poss.) = suo, sua, suoi, sue.

Soggira (s. f.) = suocera.

Supicchiarìa (s. f.) = sovercherìa.

Sordu (s. m.) = soldo

Spagnarisi (v.) = spaventarsi, preoccuparsi.

Sparagnari (v.) = risparmiare. Dal tedesco, periodo svevo, "sparen".

Spariggiu (agg.) = dispari, spaiato.

Spartenza (s.f.) = distacco, divisione.

Spartiri o **spattiri** (v.) = dividere.

Spassu (s. m.) = spasso, divertimento.

Speddiri (v.) = perdere.

Spertu (s. m.) furbo.

Spicchiari (v.) = sgusciare, sgranare, spiccare (la frutta). Favuzza spicchiata = favétta sgusciata.

Spichi (s. pl.) = spighe.

Spiria o **spria** o **broccia** (s.f.) = solco.

Spiritu (s. m.) = spirito, genio.

Squagghiari (v.) = sciogliere. "Iu già squagghiu pri vui comu cannila"[18] = io già mi sciolgo per voi come una candela.

Stati (s. f.) = estate.

Statìa (s. f.) = stadera, bilancia.

Stinnicchiari (v.) = coricare, stiracchiare.

Strata (s. f.) = strada.

Strazzari (v.) = strappare.

Strazzu (s. m.) = straccio.

Stricari (v.) = strofinare. Dal catalano "estregar".

Strùmmula o **strummuluni** (s. f.) = trottola. Dal greco "strombos" (στρομβός). Termini usati, rispettivamente, nel palermitano e nel trapanese. Lo si chiama: **tuppettu**, nel catanese e paternese; **palòrgiu** a Piedimonte; **còcula** nell'ennese.

Struppiarisi (v.) = farsi male. Dal castigliano "estropear" = guastare.

Stu (agg.) = questo.

Subbitu (avv) = subito.

Sucuzzuni (s. m.) = sergozzone (colpo dato nel gozzo, alla gola).

Sudda (s. f.) = sulla (pianta che ha i fiori a mazzetto). **Essiri ntâ sudda!** = essere beato, non avere preoccupazioni.

Suddu o **suddhu** o **su** (cong.) = se.

Sulità (s. f.) = solitudine.

Surdatu o **suddatu** (s. m.) = soldato.

Surdu (s. m.) = sordo.

Susirisi (v.) = alzarsi.

Sutta (avv.) = sotto.

---

[18] *Poesie inedite di Domenico Tempio, Meli, Scimonelli, Calvino e anonimi siciliani del '700,* a c. di V. Di Maria, Libreria Minerva Editrice, Catania 1975, p. 33.

T

Tagghiari (v.) = tagliare.

Taliari (v.) = guardare, osservare, spiare. Dall'arabo "tala ʿa ʾ"; in castigliano "atalaya", torre, altura, e "atalayar", registrare il campo da un'altura, dall'arabo ispanico "attaláya'". Risguardu l'occhi e taliu lu mari[19] = Sollevo lo sguardo e osservo il mare.

Tanticchiedda (avv.) = un poco.

Tardanza (s. f.) = ritardo, indugio. Nella canzone di Giacomo da Lentini, *Troppo son dimorato*, v. 58: faccio tardanza.

Tartuca (s. f.) = tartaruga.

Taruni o **tadduni** (s. m.) = cardone. Detto anche **Buttasumeri** o **abbuta sumeri** = sazia asino.

Tastari (v.) = provare, assaggiare. Dal normanno "taster".

Tila (s. f.) = tela.

Tilaru (s. m.) = telaio.

Timpa (s. f.) = collinetta. Parola che risale ai Siculi.

Tinciri (v.) = dipingere.

Tintu (agg.) = tinto, cattivo.

Tistunia (s. f.) = testuggine (usato per lo più nel catanese).

Trasiri (v.) = entrare.

Travagliari (v.) = lavorare. Dal normanno "travaller", in francese moderno "travailler", in castigliano "trabajar".

Trigghia (s. f.) = triglia.

---

[19] Vigo L, Opere vol. II, *Raccolta amplissima di Canti popolari siciliani* ed. II, Tipografia Galatola, Catania, 1870-74, XXIII Riconciliazione e pace, n.2062, p. 383. Nell'incipit dell'ottava 2067 troviamo *Iu jisu l'occhi*, invece di *risguardu l'occhi*.

Trincari (v.) = bere molto. Dal tedesco "trinken" = bere. Si lu trinca a cannolu = se lo tracanna.

Trisoru (s. m.) = tesoro.

Trivulu o **triulu** (s. m.) = lamento, lagna, tribolo, piagnucolone.

Tronu (s. m.; pl. trona) = tuono. Dal latino volgare "tronus".

Truscia (s.f.) = fagotto, fardello. Dal francese trousse = borsa, fardello.

Tuccari (v.) = toccare, spettare.

Tuffuni (s. m.) = zolla di terra. Parola che risale ai Siculi.

Tùmminu (s. m.) = tumolo, antica misura agraria. Dall'arabo "tumn".

Tunnu (m.s) tonno, (agg.) rotondo.

Tuppuliari (v.) = bussare. Dal greco "typtō" (τύπτω).

Tutti l'uri = sempre. **Tutisuri** e **tutturi** nella canzone di Stefano Protonotaro, *Pir meu cori alligrari*, ai versi 36 e 65. Dal francese antico "totes hores". 'Ngrata, ti malidicu tutti l'uri[20] = Ingrata ti maledico sempre.

---

[20] Vigo L, *Opere vol. II, Raccolta amplissima di Canti popolari siciliani ed. II*, Tipografia Galatola, Catania, 1870-74, XXXVI, Abbandono, n. 2822, p. 462.

U

'U o lu (art. det.) = il.

Ugghia (s. f.) = ago

Ugna (s. f.) = unghia. Dal castigliano "uña".

Un (art. ind.) = un, uno.

'Un o nun (avv.) = non

'Umitu (s.m.) gomito.

Unni (avv.) = dove.

Unza (s. f.) = oncia, onza. Dal latino ŭncia, «dodicesima parte» di un'unità. I. Moneta utilizzata nel Regno di Sicilia, del valore di 30 tarì: 1 onza = 30 tarì, 1 tarì = 20 grana, 1 grano = 6 piccioli. II. Antica unità di misura di peso: oncia grossa, 1/12 di rotolo, valore 66,11 gr; oncia fina, ¼ di carrozzo, valore 26,44 gr. III. Unità di misura di lunghezza, 1/12 del palmo, equivalente a circa 2,16 cm.

V

Vaddara o **guaddara** (s. f.) = ernia. Dall'arabo "adara".

Vaddarisi (v.) = guardarsi.

Vaddi (s. f.) = valle. Accr. **Vadduna** = vallone. Dall'arabo "wād(ī)" (الوادي)= fiume, valle. **Dittaino**, affluente del Simeto, da wādī at-tayn = fiume del fango.

Vadduni (s. m.) = vallone, fossato, torrente.

Vaneddra o **vanedda** (s. f.) = vicolo, viuzza. Peggiorativo: **vaniddizza**. Per esempio, **'I tri da vaniddazza: Ferru, Chiummu e Cacazza** = I tre della stradaccia: Ferro, Piombo e Cacarella.

Vanniari o **abbanniari** (v.) = bandire, propagandare ad alta voce.

Vasari (v.) = baciare

Vasata (s. f.) = bacio

Vasciu (agg.) = basso.

Vastedda (s. f.) = focaccia, pane rotondo. Dal tedesco (periodo svevo) "wastell".

Vastuni (s. m.) bastone.

Véniri (v.) = venire. Vinni = venne.

Vernu o **mmernu** (m.s.) = inverno.

Vestiri (v.) = vestire.

Viddanu o **viddranu** (s. m.) = contadino.

Viddicu (s. m.) = ombellico.

Vìdiri (v.) = vedere.

Vinri (v.) = venire.

Vìnniri (v.) = vendere.

Vìviri (v.) = bere.

Vota (s. f.) = volta. 'Na vota = una volta.

Vrazzu (s. m.) = braccio.

Vriogna o **virgogna** (s. f.) = vergogna.

Vucca o **ucca** (s. f.) = bocca. **Mmucca** = in bocca.

Vucceri (s. m.) = macellaio. Dal francese "boucher".

Vuccuni (s. m.) = boccone, sorso. Vuccuna amari = dispiaceri.

Vuci o **'uci** (s. f.) = voce.

Vugghiu (s. m.) = bollore. **Spaccari lu vugghiu** = cominciar a bollire.

Vutari (v.) = voltare, girare.

Vutti (s. f.) = botte.

Z

Zappudda (s. f.) = zappa.

Zazzamita (s. f.) = geco.

Ziu (s. m.) = zio.

Zitu/a (s.m.) = fidanzato/a.

Zoccu (pr.) = ciò che.

Zotta (s. f.) = frusta. Dal castigliano "azote".

Elenco in ordine alfabetico

D

G

J

O

Q

R

T

U

Bibliografia e sitografia

- Arcidiacono S., *Sondaggi sul lessico dell'edilizia in siciliano medievale: il contributo dell'inventario di Alvaro Paternò*, Sinestesieonline – Anno IX – Numero 30 – Settembre 2020, pp. 1-13 in http://elea.unisa.it/bitstream/handle/10556/5242/settembre2020-02.pdf?sequence=1&isAllowed=y

- Calì S., *Répitu d'amuri pi la Sicilia*, Voci del Tempo Nostro Editrice, Ragusa, 1967.

- Correnti S., *Breve storia della Sicilia, dalle origini ai giorni nostri*, Newton Compton Editori, Roma, 2002.

- Correnti S., *La città semprerifiorente: ricerche storico-didattiche su Catania*, Edizioni Greco, Catania, 1977.

- Fanciullo F., *Introduzione alla linguistica storica*, il Mulino, Bologna, 2013.

- *I poeti della Scuola siciliana*, in tre volumi: Giacomo da Lentini, Poeti della Corte di Federico II, Poeti siculo-toscani, Mondadori, Milano, 2008.

- Mascherpa G., *«Pratica della scrittura, grammatica della poesia. Prime annotazioni su un prezioso reperto lombardo della Scuola siciliana»*, in Cahiers de recherches médiévales et humanistes, Classiques Garnier, Paris, 2015, pp. 19-31. URL: http://journals.openedition.org/crm/13728.

- Martoglio N., *Tutto il teatro e le poesie siciliane*, Newton & Compton editori, Roma, 1996.

- Messina A., *Grammatica sistematica della lingua siciliana*, in https://www.antoniorandazzo.it/memorie/files/GRAMMATICA-SICILIANA-ARTURO-MESSINA.pdf

- Pappalardo G., *La lingua siciliana*, in https://www.youtube.com/watch?v=guYYZqN310Y&ab_channel=SebasRapis

- Pitrè G., *Catalogo illustrato della mostra etnografica siciliana 1892*, Edizioni Novecento, Palermo, 1993.

- Pitrè G., *Grammatica siciliana*, Brancato Editore, Catania, 2000.

- Pitrè G., *Leggende, usi e costumi del popolo siciliano,* Brancato Editore, Catania, 2002.

- Pitrè G., *Medicina popolare siciliana,* G. Barbera Editore, Firenze, 1949.

- Pitrè G., *Proverbi siciliani. Raccolti e confrontati con quelli degli altri dialetti d'Italia*, L. P. Lauriel Editore, Palermo, 1880, voll. IV.

- *Poesie inedite di Domenico Tempio, Meli, Scimonelli, Calvino e anonimi siciliani del '700*, a c. di Di Maria V., Libreria Minerva Editrice, Catania, 1975.

- Rindal M., *Il siciliano e i sicilianismi in alcune poesie del Duecento*, in https://www.duo.uio.no/bitstream/handle/10852/54031/Masteroppg-ve-M--Rindal--utan-vedlegg.pdf?sequence=1&isAllowed=y

- Rohlfs G., *Supplemento ai vocabolari siciliani*, Bayerische Akademie der Wissenschaften, München, 1977

- Tagliavini C., *Le origini delle lingue neolatine*, Patron Editore, Bologna, 1982.

- Traina A., *Nuovo vocabolario siciliano-italiano*, Giuseppe Pedone Lauriel editore, Palermo, 1868.

- Trovato S. C., *La ricerca paremiologica in Sicilia*, pp. 607-616 in https://cvc.cervantes.es/lengua/paremia/pdf/006/095_trovato.pdf

- Trovato S. C., *Sullo spagnolo ir de Ceca en Meca e il siciliano (firriari) l'arcalamecca*, pp. 499-510 in http://www.contrastiva.it/baul_contrastivo/dati/barbero/Trovato_spagnolo_siciliano.pdf

- Varvaro A., *Adultèri, delitti e filologia*, Il Mulino, Bologna, 2010.

- Varvaro A., *Profilo di storia linguistica della Sicilia*, Centro di studi filologici e linguistici siciliani, Palermo, 2019.

- Verga G., *I Malavoglia*, Zanichelli, Bologna, 1990.

- Vigo L, *Canti popolari siciliani*, Tipografia Galatola, Catania, 1857.

- Vigo L, *Raccolta amplissima di Canti popolari siciliani ed. II*, Tipografia Galatola, Catania, 1870-74.

- Virgillito P., *C'erano una volta a Paternò ... i Bastonieri*, Stampa Tipolito Ibra, Paternò, 2005.

INFORMAZIONI SULL'AUTORE

Salvatore Fava è uno scrittore di origine catanese, che ha esordito nel panorama letterario con *Bagliori. Racconti di Raffaele Asmodeo*, Libroitaliano World, Ragusa, 2008. Si tratta di racconti brevi, "quadri dipinti con poche ed essenziali parole", preceduti da poesie, riflessioni o sintesi di sogni, e inseriti all'interno di una cornice, di un percorso suddiviso in tre fasi: prima, durante e dopo l'evento che segna un'irrimediabile frattura.

Altre sue pubblicazioni sono: *Universo siciliano. Proverbi, modi di dire, indovinelli, filastrocche, gabbi, scioglilingua e racconti,* Amazon, 2022; il racconto *Altro tempo*, in Aa. Vv., *Scrittori italiani. Libro nero*, IVVI Editore, 2023; *Sogni e disincanto*, Amazon, 2022, una raccolta di poesie, alcune delle quali pubblicate anche separatamente (*Un giorno, se io non riconoscerò* in Aa. Vv., *Poesia italiana. Libro celeste*, IVVI Editore, 2022; *La vita* in Aa. Vv., *Poesia italiana. Libro blu*, IVVI Editore, 2023; *Notte di speranza* in *Aa. Vv., Poesie di tutti i giorni*, IVVI Editore, 2025).